Guttentag'sche Sammlung
Nr. 59. Deutscher Reichsgesetze. Nr. 59.
Textausgaben mit Anmerkungen.

Reichsgesetz über die

Beurkundung des Personenstandes und die Eheschließung

vom 6. Februar 1875

in der vom 1. Januar 1900 an geltenden Fassung

nebst den Preußischen Ergänzungsvorschriften.

Textausgabe mit Einleitung, Anmerkungen und Sachregister

von

Dr. F. Fidler,
Amtsgerichtsrat.

Zweite Auflage.

Berlin 1912.
J. Guttentag, Verlagsbuchhandlung,
G. m. b. H.

Vorwort.

I. Das vorliegende Bändchen verdankt seine Entstehung dem Wunsche der Verlagsbuchhandlung, das Personenstandsgesetz der „Guttentagschen Sammlung Deutscher Reichsgesetze" einzureihen, in der es bisher vermißt wurde. Ich habe mich bemüht, bei der Bearbeitung den bewährten Grundsätzen zu folgen, auf deren Beachtung die Beliebtheit der Sammlung beruht, und ich wünsche, daß mein Bestreben nicht erfolglos gewesen sei.

Das Werkchen bezweckt vornehmlich die Verbreitung der Kenntnis der die Allgemeinheit in höchstem Maße interessierenden Vorschriften des Personenstandsgesetzes in den beteiligten Kreisen des Publikums; an diese Kreise wendet es sich, um sie für den Verkehr mit dem Standesamt zu unterrichten. Die Standesbeamten werden zu größeren Kommentaren greifen; aber auch ihnen wird die vorliegende Ausgabe für die meisten Fälle ein ausreichender und zuverlässiger Ratgeber sein. Ebenso wird sie genügen, um Richter und Gerichtsschreiber über die ihnen obliegenden Verrichtungen zu orientieren.

Es sind nur die Preußischen Ergänzungsvorschriften berücksichtigt, da die Heranziehung der bezüglichen Vorschriften der sämtlichen Bundesstaaten dem Bändchen einen nicht erwünschten Umfang gegeben hätte. Unter Nr. V der Einleitung sind die betreffenden Vorschriften kurz angeführt.

Münster, im Mai 1901.

II. Für die zweite Auflage ist das Werk aufs sorgfältigste durchgesehen, berichtigt, verbessert und durch Nachtragung der Erlasse und Verfügungen der Zentralbehörden ergänzt. Die Ergebnisse der Rechtsprechung — Entscheidungen des Reichsgerichts, des Kammergerichts, des bayrischen Obersten Landesgerichts und der außerpreußischen Oberlandesgerichte — sind, soweit sie in den „Entscheidungen in Angelegenheiten der freiwilligen Gerichtsbarkeit usw., zusammengestellt im Reichsjustizamt" und in dem „Jahrbuch der Entscheidungen des Kammergerichts in Sachen der freiw. Gerichtsbarkeit usw." veröffentlicht sind, in den Anmerkungen verwertet.

Münster i. W., im November 1911.

Dr. Fidler.

Inhaltsübersicht.

Abkürzungen.

AG.BGB. = (Preuß.) Ausführungsgesetz zum Bürgerlichen Gesetzbuche vom 20. September 1899 (GS. S. 177).

BGB. = Bürgerliches Gesetzbuch vom 18. August 1896 (RGBl. S. 195).

BRB. = Ausführungsvorschriften des Bundesrats vom 25. März 1899.

FGG. = (Reichs-) Gesetz über die freiwillige Gerichtsbarkeit vom 17. Mai 1898 (Fassung vom 20. Mai 1898 — RGBl. S. 771 —).

GS. = Gesetzsammlung für die Königlichen Preußischen Staaten.

Jahrb. = Jahrbuch für Entscheidungen des Kammergerichts in Sachen der freiwilligen Gerichtsbarkeit.

JMBl. = Justizministerialblatt für die Preußische Gesetzgebung und Rechtspflege.

KG. = Kammergericht.

PrFGG. = Preußisches Gesetz über die freiwillige Gerichtsbarkeit vom 21. September 1899 (GS. S. 249).

PrGKG. = Preußisches Gerichtskostengesetz vom 25. Juni 1895 (Fassung der Bekanntmachung vom 6. Oktober 1899 — GS. S. 326 —).

PStG. = Personenstandsgesetz.

RG. = Reichsgericht.

RGBl. — Reichsgesetzblatt.

RJ. = Entscheidungen in Angelegenheiten der freiwilligen Gerichtsbarkeit, zusammengestellt im Reichsjustizamte.

VMBl. = Ministerialblatt für die innere Verwaltung.

Einleitung.

I.

Bis zum Jahre 1874 herrschte hinsichtlich der Beurkundung der Geburten und Sterbefälle und der Form der Eheschließung im Deutschen Reiche wie in Preußen kein einheitliches Recht. Nur in wenigen Gebietsteilen, die vom französischen Rechte beeinflußt waren, sowie für die Angehörigen der nicht anerkannten Religionsgesellschaften und die Juden gab es von staatlichen Beamten bzw. von den Gerichten geführte Register über die Personenstandsverhältnisse und eine Eheschließung vor einem staatlichen Beamten. Im größten Teile des Reichs und Preußens lag die Beurkundung der Personenstandsverhältnisse in den Händen der Geistlichen der anerkannten Religionsgesellschaften: die von diesen geführten Kirchenbücher waren die staatlich anerkannten Standesregister; die Form der Eheschließung war die kirchliche Trauung. In dem zu Anfang der siebziger Jahre des vorigen Jahrhunderts entbrennenden Kampfe zwischen Staat und Kirche trat das Bedürfnis hervor, auf diesem Gebiete Wandel zu schaffen. „Geburt, Ehe und Tod", so heißt es in dem Kommissionsberichte des Herrenhauses zu dem preuß. Personenstandsgesetze, „sind die Bedingung und Voraussetzung aller oder doch der meisten bürgerlichen und staatlichen Rechte. Mit dem Augenblicke der Geburt beginnt die Rechtsfähigkeit, die mit dem Augenblicke des Todes endet und dieser ist wieder Grundlage von Rechten und Pflichten anderer. Von der Rechtsgültigkeit einer Ehe sind Rechte und Pflichten der Ehegatten untereinander und in betreff ihrer Kinder, sowie Rechte und Pflichten der letzteren abhängig. Der Staat hat daher die unabweisliche Pflicht, die Grundlagen festzustellen, von denen er diese Rechte und Pflichten abhängig macht und die Möglichkeit zu gewähren, die desfallsigen Bedingungen zu erfüllen. Es kann sich dabei nur fragen, wie das am zweckmäßigsten zu erreichen ist und ob dabei bestehende Verhältnisse, namentlich Rechte der christlichen Kirchen, zu berücksichtigen oder doch deren bisherige Mitwirkung im Interesse des Staates beizubehalten ist. — Zweckmäßig erscheint zunächst die Einheitlichkeit der Personenstandsregister über alle Geburten, Ehen und Todesfälle eines bestimmten Bezirkes. Diesem Erfordernisse konnte die Kirche im wesentlichen genügen, solange im Staate eine Kirche bestand. Seit sich, namentlich infolge der Reformation, verschiedene Religionsparteien und Sekten bildeten, war es eine der härtesten Maßregeln intoleranter Staatsregierungen, daß sie Andersgläubige zwangen, von den Geistlichen feindlicher Konfessionen den Personenstand beurkunden und sich trauen zu lassen. Die Kirche schließt ihre Beurkundung an religiöse Handlungen an, und es kann weder den Andersgläubigen zugemutet werden, diese an sich vollziehen zu lassen, noch den Geistlichen, solche zu spenden. Seit die Idee einer herrschenden Kirche aufgegeben wurde, ist die Beurkundung des Personenstandes in einer Weise zersplittert, daß die Ermittelung der für bürgerliche Rechte, z. B. Erbansprüche, und für staatliche Pflichten, z. B. Militärdienst, erforderlichen Urkunden sehr erschwert ist. Man muß nicht nur den Geburts- und Aufenthaltsort, sondern auch erforschen, ob jemand Katholik, Lutheraner, Reformierter, Mennonit, Sektierer oder Jude gewesen ist. Wer die Einheitlichkeit der Personenstandsregister aus Erfahrung kennt, ist von deren großer Zweckmäßigkeit überzeugt. — Dazu kommt, daß die Kirche Geburt und Tod nur bei Gelegenheit einer anderweiten religiösen Handlung, Taufe und Beerdigung, beurkunden kann; für das bürgerliche Recht ist aber nicht Taufe und Beerdigung, sondern Tag und Stunde der Geburt und des Todes maßgebend. Die Feststellung dieses maßgebenden Zeitpunktes ist jedenfalls bei der oft späten Taufe sehr bedenklich. Auch hat der Geistliche weder polizeiliche Mittel, noch ein erhebliches kirchliches Interesse, zweifelhafte Anzeigen über die Geburt und über die Herkunft eines Kindes sofort aufzuklären. Stirbt ein Kind vor der Taufe oder wird eine kirchliche Beerdigung nicht verlangt oder verweigert, so ist er ungeeignet, solche Fälle, mit denen die Kirche nichts zu tun hat oder nichts zu tun haben will, ins Kirchenbuch einzutragen. Das Angeführte würde es genügend begründen, die Beurkundung von Geburt und Tod bürgerlichen Beamten zu übertragen; aber die Abschließung und Beurkundung der Heiraten durch solche Beamte, die sog. Zivilehe, hat große Bedenken erregt." Die weitere Ausführung zur Rechtfertigung der Einführung der Zivilehe, und zwar der obligatorischen Zivilehe, interessiert nicht mehr.

In Preußen wurden durch das Gesetz über die Beurkundung des Personenstandes und die Form der Eheschließung vom 9. März 1874 (GS. S. 95) die (schon in Art. 19 der Verfassungsurkunde vom 31. Januar 1850 in Aussicht genommenen) Zivilstandsregister eingeführt. Diesem Gesetze, das am 1. Oktober 1874 in Kraft trat, war nur eine kurze Dauer beschieden. Schon am 1. Januar 1876 hörte seine Geltung auf; von diesem Zeitpunkt an wurde es durch das Reichsgesetz über die Beurkundung des Personenstandes und die Eheschließung vom 6. Februar 1875 (RGBl. S. 25) ersetzt. Wie die abweichende Fassung der Überschrift andeutet, beschränkt sich das Reichsgesetz nicht darauf, die Beurkundung und die Form der Eheschließung (das formelle Eheschließungsrecht) einheitlich festzustellen, sondern es hat auch als seine Aufgabe betrachtet, dem Deutschen Reiche, soweit als möglich, ein einheitliches Recht hinsichtlich der Erfordernisse der Eheschließung, ein einheitliches materielles Eheschließungsrecht zu schaffen.

II.

Bis zum 1. Januar 1900, dem Zeitpunkte des Inkrafttretens des Bürgerlichen Gesetzbuchs, hat das Personenstandsgesetz, abgesehen von der unwesentlichen Aufhebung des Abs. 3 des § 78 durch § 13 Abs. 2 Nr. 6 des EinfGes. zur Zivilprozeßordnung, in unveränderter Fassung bestanden. Bei der Schaffung des BGB. wurde die Frage: obligatorische oder fakultative Zivilehe? noch einmal Gegenstand heißen Kampfes. Der Sieg blieb aber der Form der Ehe, wie sie das Personenstandsgesetz eingeführt hat. Wenngleich also der Inhalt des Gesetzes auch bezüglich der auf die Eheschließung und ihre Form bezüglichen Abschnitte im wesentlichen bestehen blieb und daher nach dem im allgemeinen bei der Kodifikation des bürgerlichen Reichsrechts befolgten Grundsatze, den privatrechtlichen Inhalt bereits bestehender Reichsgesetze aufrecht zu erhalten (vgl. Art. 32 des EG.BGB.), eine Änderung des Personenstandsgesetzes nur so weit erforderlich gewesen wäre, als ein Bedürfnis zur Änderung, Ergänzung oder Erklärung seiner Bestimmungen vorhanden war, so stand doch, wie die Motive (Bd. IV S. 8ff.) näher ausführen, der Einschlagung dieses Weges in Ansehung des in dem Personenstandsgesetze bereits geregelten Eheschließungsrechts der Umstand entgegen, daß jenes Gesetz das Eheschließungsrecht, entsprechend seinem auf die Ermöglichung der Durchführung der Zivilehe beschränkten Zwecke dieses Teiles, nur unvollständig geregelt hat. „An sich gehören die Vorschriften über die materiellen Erfordernisse der Eheschließung überhaupt nicht in das Personenstandsgesetz. Dies gilt auch von den Vorschriften über die sog. aufschiebenden Ehehindernisse, indem dieselben in erster Linie sich nicht an den Standesbeamten, sondern an die Eheschließenden wenden und die Nichtbeobachtung derselben eine Widerrechtlichkeit der Eheschließenden begründet, welche, abgesehen von etwaigen sie treffenden Strafbestimmungen, unter Umständen eine Verpflichtung zum Schadensersatze nach sich ziehen kann. Die Aufnahme der Vorschriften über die Erfordernisse der Eheschließung in das Personenstandsgesetz ist auch lediglich deshalb erfolgt, weil man die Standesbeamten in der hier fraglichen Beziehung auf das vor dem Reichsgesetz in Geltung gewesene materielle Recht nicht verweisen konnte, da das letztere teils dunkel, teils in den einzelnen Bundesstaaten verschieden war. Auch die Vorschriften über die Form der Eheschließung selbst, soweit dieselben die Gültigkeit der Ehe bedingen, sind, wenngleich dieselben sich auch an den Standesbeamten wenden und von diesem Gesichtspunkte aus zugleich den Charakter von Verfahrensvorschriften haben, doch vorwiegend materiellrechtliche Vorschriften. Als solche gehören dieselben systematisch und prinzipiell nicht minder in das Bürgerliche Gesetzbuch, als die Vorschriften über die Form anderer Rechtsgeschäfte. Da es die Aufgabe des Bürgerlichen Gesetzbuchs ist, das persönliche Eherecht in seinem ganzen Umfange zu regeln, so würde das Gesetzbuch in wichtigen Punkten eine wesentliche Lücke enthalten, wenn es über die materiellen Erfordernisse der Eheschließung und über die Form der Eheschließung selbst ganz schweigen oder in dieser Hinsicht nur eine Verweisung auf das Reichsgesetz vom 6. Februar 1875 enthalten würde. Die Ausscheidung der Vorschriften über die Ehehindernisse und über die Form der Eheschließung aus dem Gesetzbuch ist aber auch um deswillen nicht zu empfehlen, weil jene Vorschriften mit den im Personenstandsgesetze nicht enthaltenen und daher im Bürgerlichen Gesetzbuche jedenfalls zu treffenden Vorschriften über die an die Nichtbeobachtung jener Vorschriften sich knüpfenden Folgen, insbesondere über die Nichtigkeit und Anfechtbarkeit der Ehe, auf das engste in Verbindung stehen, indem jene Vorschriften die Grundlage der letzteren bilden. Das Gesetzbuch würde an Übersichtlichkeit und Einfachheit schwere Einbuße erleiden, wenn es genötigt wäre, bei den Bestimmungen über die Folgen einer gesetzwidrig eingegangenen Ehe auf das RG. vom 6. Febr. 1875 bzw. auf das die nötig werdenden Ergänzungen und Abänderungen des letzteren enthaltende Einführungsgesetz zum Bürgerlichen Gesetzbuche Bezug zu nehmen. Die Aufnahme der Vorschriften über die Ehehindernisse und die Form der Eheschließung in das Bürgerliche Gesetzbuch ist aber auch im Interesse der Erleichterung der Geschäftsführung der Standesbeamten und im Interesse der Verbreitung der Kenntnis jener Vorschriften in den beteiligten Kreisen des Publikums vorzuziehen, da, auch wenn man es in dieser Hinsicht im übrigen bei dem RG. vom 6. Februar 1875 belassen wollte, doch in verschiedenen Richtungen eine Ergänzung dieses Gesetzes, soweit dasselbe nämlich auf das Landesrecht verweist und in diesem die nötige Vervollständigung findet, erforderlich werden und auch eine sachliche Änderung jener Vorschriften mit Rücksicht auf neue Prinzipien des Gesetzbuchs nicht zu vermeiden sein, mithin das Eheschließungsrecht sich teils in dem RG. vom 6. Februar 1875, teils in dem Einführungsgesetze zum Bürgerlichen Gesetzbuche finden würde. — Werden die wesentlichen die Gültigkeit der Eheschließung bedingenden Formvorschriften in das Gesetzbuch aufgenommen, so empfiehlt es sich, wenngleich systematische Rücksichten dagegen sprechen mögen, doch aus überwiegenden Gründen praktischer Zweckmäßigkeit, in gleicher Weise auch in Ansehung der nicht wesentlichen Vorschriften über die Form der Eheschließung selbst zu verfahren, da die wesentlichen und unwesentlichen Formvorschriften in einem engen Zusammenhange stehen und durch die Trennung derselben die praktische Handhabung der gesetzlichen Bestimmungen nicht unerheblich erschwert werden würde. — Anders, als in Ansehung der Vorschriften über die Ehehindernisse und die Eheschließung selbst, liegt dagegen die Sache in Ansehung der das Aufgebot und die Beurkundung der Eheschließung betreffenden Vorschriften. Diese Vorschriften sind lediglich Verfahrensvorschriften und gehören deshalb systematisch und nach der von dem Gesetzbuch in ähnlichen Fällen, z. B. in betreff der die Grundbuchordnung und das Verfahren in Vormundschaftssachen bezielenden Bestimmungen, befolgten Methode nicht in das Bürgerliche Gesetzbuch.

Ein genügender Grund, von dieser Methode hier abzuweichen, liegt um so weniger vor, als das RG. vom 6. Februar 1875 die bezeichneten Vorschriften vollständig enthält und ein Bedürfnis, dieselben zu ändern und zu ergänzen, wenn überhaupt, doch nur in geringem Maße vorliegt. Auch der Zusammenhang dieser Vorschriften mit den Vorschriften über die Form der Eheschließung selbst ist nicht von entscheidender Bedeutung. Daß aus der Trennung dieser Vorschriften ein erheblicher Übelstand für die praktische Handhabung, insbesondere für die Geschäftsführung der Standesbeamten erwachsen werde, ist nicht zu besorgen, zumal diesem Übelstande, soweit nötig, durch eine dem Personenstandsgesetze anzuhängende Instruktion für die Standesbeamten abgeholfen werden kann."

Auf diesen Erwägungen beruht der Artikel 46 des Einführungsgesetzes zum Bürgerlichen Gesetzbuche, der die erforderlichen Änderungen enthält und folgenden Wortlaut hat:

„Das Gesetz über die Beurkundung des Personenstandes und die Eheschließung vom 6. Februar 1875 (RGBl. S. 23) wird dahin geändert:

I. Die §§ 28 bis 40, 42, 43, 51 bis 53 werden aufgehoben.

II. An die Stelle der §§ 41, 44, 50, 55 treten folgende Vorschriften:

§ 41. Für die Eheschließung sind die Vorschriften des Bürgerlichen Gesetzbuchs maßgebend.

§ 44. Für die Anordnung des vor der Eheschließung zu erlassenden Aufgebots ist jeder Standesbeamte zuständig, vor dem nach § 1320 des Bürgerlichen Gesetzbuchs die Ehe geschlossen werden darf.

§ 50. Der Standesbeamte soll ohne Aufgebot die Eheschließung nur vornehmen, wenn ihm ärztlich bescheinigt wird, daß die lebensgefährliche Erkrankung eines der Verlobten den Aufschub der Eheschließung nicht gestattet.

§ 55. Ist eine Ehe für nichtig erklärt, ist in einem Rechtsstreite, der die Feststellung des Bestehens oder des Nichtbestehens einer Ehe zwischen den Parteien zum Gegenstande hat, das Nichtbestehen der Ehe festgestellt, ist eine Ehe vor dem Tode eines der Ehegatten aufgelöst oder ist nach § 1575 des Bürgerlichen Gesetzbuchs die eheliche Gemeinschaft aufgehoben, so ist dies am Rande der über die Eheschließung bewirkten Eintragung zu vermerken.

Wird die eheliche Gemeinschaft nach der Aufhebung wiederhergestellt, so ist dies auf Antrag am Rande zu vermerken.

III. Der § 67 erhält folgenden Absatz 2:

Eine strafbare Handlung ist nicht vorhanden, wenn der Geistliche oder der Religionsdiener im Falle einer lebensgefährlichen, einen Aufschub nicht gestattenden Erkrankung eines der Verlobten zu den religiösen Feierlichkeiten der Eheschließung schreitet.

IV. Im § 69 werden die Worte: „in diesem Gesetze“ ersetzt durch die Worte: „in diesem Gesetze und in dem Bürgerlichen Gesetzbuche“.

V. Im § 75 Abs. 1 werden die Worte: „nach den Vorschriften dieses Gesetzes“ ersetzt durch die Worte: „nach den Vorschriften des Bürgerlichen Gesetzbuchs“.

In der vorliegenden Ausgabe sind die an die Stelle der aufgehobenen Vorschriften tretenden Vorschriften des Bürgerlichen Gesetzbuchs eingefügt, die abgeänderten

Vorschriften des Gesetzes durch Sperrdruck kenntlich gemacht.

Durch das Gesetz, betreffend Änderung des Gesetzes über die Beurkundung des Personenstandes und die Eheschließung, vom 14. April 1905 (RGBl. S. 251) ist im § 23 des Gesetzes das Wort „Tage" ersetzt durch das Wort „Wochentage". Diese Änderung ist im Texte durch den Druck ersichtlich gemacht.

III.

Nach dem Personenstandsgesetze ist in mehrfacher Hinsicht (Aufbewahrung der Nebenregister, Anweisung zur Vornahme einer vom Standesbeamten abgelehnten Amtshandlung, Berichtigung von Eintragungen) die Tätigkeit des Gerichts vorgesehen. Das Personenstandsgesetz gab aber, dem zur Zeit seiner Entstehung geltenden Rechtszustand entsprechend, keine allgemeine Vorschriften über das Verfahren; es bestimmte nur, daß das Verfahren der Gerichte sich nach den Vorschriften regele, welche in Sachen der nicht streitigen Gerichtsbarkeit gelten, wonach die Gestaltung im besonderen den einzelnen Landesrechten überlassen war. Da nunmehr die Reichsgesetzgebung auch das Verfahren in den Angelegenheiten der freiwilligen Gerichtsbarkeit in den Bereich der Regelung gezogen hat, so ist auch die den Personenstand betreffende gerichtliche Mitwirkung geordnet. Das Reichsgesetz über die Angelegenheiten der freiwilligen Gerichtsbarkeit vom 17. Mai 1898 (Fassung v. 20. Mai 1898 — RGBl. S. 771 —) beseitigt in § 186 die bisherige Befugnis der Landesgesetzgebung, das gerichtliche Verfahren abweichend zu regeln (wodurch die §§ 11, 66 des Personenstandsgesetzes eine veränderte Fassung erhalten haben) und enthält des weiteren in seinem vierten Abschnitte (§§ 69 bis 71) die erforderlichen Vorschriften, zu denen aber zu bemerken ist, daß sie durch die Vorschriften in dem ersten Abschnitte des Gesetzes (§§ 1 bis 34) ergänzt werden. Zu vgl. hierüber B V.

Dasselbe Gesetz gibt außerdem in dem die Vormundschaftssachen behandelnden zweiten Abschnitte (in § 48) Vorschriften über die in diesen Angelegenheiten dem Standesbeamten obliegende Anzeigepflicht. Zu vgl. B III.

IV.

Das Bürgerliche Gesetzbuch enthält verschiedene Bestimmungen, die eine Einwirkung auf die in den Standesregistern festgestellten Familien- und Personenstandsverhältnisse bedingen — zu vgl. §§ 1718, 1720 (Anerkennung der Vaterschaft), § 1577 (Namensführung einer geschiedenen Frau), § 1706 (Erteilung des Namens an ein uneheliches Kind). — Die formellen Vorschriften über die Zuständigkeit für die Entgegennahme der erforderlichen Erklärungen und das Verfahren sind teils in dem Reichsgesetz über die Angelegenheiten der freiwilligen Gerichtsbarkeit vom 17./20. Mai 1898 (§ 167), teils auf Grund des in diesem Gesetze (in § 191) gemachten Vorbehalts durch die Landesgesetzgebung getroffen (Artt. 68, 70 AG.BGB.). Die Bestimmungen gehen darauf hinaus, für die betreffenden Erklärungen, eben weil sie die Personenstandsverhältnisse berühren, neben der reichsgesetzlich geordneten Zuständigkeit der Amtsgerichte und Notare die Zuständigkeit der Standesbeamten festzustellen Zu vgl. B IV.

V.

Die in den anderen Bundesstaaten zur Ausführung des Personenstandsgesetzes und der einschlägigen Vorschriften des Bürgerlichen Gesetzbuchs ergangenen Gesetze usw. konnten nicht berücksichtigt werden. Sie mögen aber hier kurz angeführt werden.

1. Anhalt: Artt. 56 bis 58, 60, 61 des Ausführungsgesetzes zum Bürgerlichen Gesetzbuche vom 18. April 1899 (GS. für das Herzogtum Anhalt Bd. 16 Nr. 1038 S. 57), — Verordnung vom 8. Oktober 1875 /30. September 1899, betreffend die Ausführung des Reichsgesetzes über Beurkundung des Personenstandes usw. (GS. Bd. 7 Nr. 393 S. 285 bzw. Bd. 16 Nr. 1062 S. 339).
2. Baden: §§ 22 bis 29 des Gesetzes, die freiwillige Gerichtsbarkeit und das Notariat betreffend, vom 17. Juni 1899 (Ges.- und Verordnungsblatt für das Großh. Baden 1899 S. 249 Nr. XXIII, §§ 3 bis 9, 23 bis 27, 48 bis 51 der Landesherrl. Verordnung, die Ausführung des BGB. und damit zusammenhängender Gesetze betreffend (Allgemeine Ausführungsverordnung), vom 11. November 1899 (a. a. O. S. 521 Nr. XXXVIII), — §§ 45, 58 bis 63, 95 der Verordnung des Min. der Justiz, des Kultus und des Unterrichts, die freiwillige Gerichtsbarkeit betreffend (Reichspolizeiordnung), vom 23. November 1899 (a. a. O. S. 665 Nr. XLV), ergänzt und abgeändert durch die Verordnungen vom 16. Juni 1905 (a. a. O. S. 317) und vom 28. August und 6. September 1906 (a. a. O. S. 307, 370), — Dienstweisung für die Standesbeamten vom 18. Januar 1901 (a. a. O. S. 79 Nr. VI), mit Abänderungen und

Ergänzungen vom 5. Juli 1902, 12. April 1904, 2. Dezember 1904, 18. Juni 1905, 28. Juni 1906 und 10. Dezember 1906 (Zusammenstellung der amtl. Deckblätter).

3. Bayern: Art. 3 des Ausführungsgesetzes zum Bürgerlichen Gesetzbuche vom 9. Juni 1899 (Beilage zum Ges.- und Verordnungsblatt für das Königreich Bayern 1899 Nr. 28 S. 1), — §§ 1 bis 3 und 15 bis 19 der Allerh. Verordnung zur Ausführung des Bürgerlichen Gesetzbuchs und seiner Nebengesetze (Zuständigkeitsverordnung) vom 24. Dezember 1899 (Ges.- und Verordnungsblatt für das Königreich Bayern 1899 Nr. 64 S. 1229), — Bekanntmachung der K. Bayerischen Staatsministerien der Justiz, des Innern und der Finanzen vom 27. Dezember 1899 (a. a. O. S. 1241, sowie JMBl. 1900 S. 853), — Bekanntmachung vom 18. Dezember 1899, die von den Standesbeamten an die Amtsgerichte zu erstattenden Anzeigen usw. betr. (Amtsbl. des Min. d. Inn. S. 669), ergänzt bzw. abgeändert durch Bekanntmachungen vom 12. März 1904 (JMBl. S. 55), 18. Mai 1905 (JMBl. S. 192), 13. Juli 1906 (JMBl. S. 194), 6. August 1906 (JMBl. S. 219) — — Entschließung des Min. d. Inn. vom 20. Dezember 1899 zum Vollzug des Personenstandsges. (Amtsbl. d. Min. d. Inn. S. 673 und JMBl. 1900 S. 873), — Bekanntmachung, die Bewilligung der Befreiung von Ehehindernissen betr., vom 24. Dezember 1899 (JMBl. 1900 S. 105) — Bekanntmachung, Namensänderungen betr., vom 27. Dezember 1899 (Ges.- und Verordnungsbl. Nr. 64 S. 1241 und JMBl. 1900 S. 853), — Bekannt-

machung, die geschäftliche Behandlung der Personenstandssachen betr., vom 29. April 1900 (JMBl. S. 862), — Bekanntmachung, die Eheschließung von Bayern im Ausland und von Ausländern in Bayern betr., vom 6. Mai 1907 (JMBl. S. 176).

4. Braunschweig: §§ 76, 78 des Ausführungsgesetzes zum Bürgerlichen Gesetzbuche vom 12. Juni 1899 (Ges.- u. Verordnungs-Sammlung des Herzogtums Braunschweig 1899 Nr. 36 S. 331), — Verordnung, betreffend die Ausführung des BGB., vom 1. August 1899 (a. a. O. Nr. 64 S. 685), — Bekanntmachung, Ausführungsbestimmungen zu den Angelegenheiten der freiwilligen Gerichtsbarkeit betr., vom 13. Oktober 1899 (a. a. O. Nr. 88 S. 841).

5. Bremen: § 53 des Ausführungsgesetzes zum Bürgerlichen Gesetzbuch vom 18. Juli 1899 (GBl. der Freien Hansestadt Bremen 1899 Nr. 14/XVI S. 61), § 7 des Gesetzes betreffend die Ausführung des Reichsgesetzes über die Angelegenheiten der freiwilligen Gerichtsbarkeit, vom 18. Juli 1899 (GBl. Nr. 14/XXIII S. 137), — Verordnung des Senats zur Ausführung des BGB. vom 18. Juli 1899 (GBl. Nr. 14/XXVII S. 157), — Gesetz, betr. einen Zusatz zum AG.BGB. vom 20. April 1902 (GBl. Nr. XVIII S. 75), — Verordnung, betreffend die Ausführung des Personenstandsges., vom 6. Oktober 1889 (GBl. S. 176), abgeändert durch Verordnung vom 31. Dezember 1891 (GBl. S. 150), vom 29. November 1901 (GBl. S. 305) und vom 1. April 1902 (GBl. S. 63), — Anweisung für die bremischen Standesbeamten, vom 21. Juli 1899 mit Nachträgen vom 15. Dezember 1899

und 26. Januar 1900 (im GBl. nicht veröffentlicht).

6. Elsaß-Lothringen: §§ 1 bis 5, 117, 118 des Gesetzes, betreffend die Ausführung des Bürgerlichen Gesetzbuchs in Elsaß-Lothringen, vom 17. April 1899 (Gesetzblatt für Elsaß-Lothringen 1899 Nr. 6 S. 43), — §§ 18 bis 22 des Gesetzes, betr. die Ausführung des Reichsgesetzes über die freiwillige Gerichtsbarkeit, vom 6. November 1899 (GBl. Nr. 15 S. 117), Verordnung, betreffend die Regelung der Zuständigkeit in den Fällen der §§ 1723, 1745, 1322 BGB., vom 1. November 1899 (GBl. Nr. 16 S. 172), — Verordnung, betr. das Verfahren und die Kosten in einzelnen auf den Personenstand Bezug habenden Angelegenheiten, vom 27. Dezember 1899 (GBl. Nr. 19 S. 253), — Art. 20, 21 der Min.-Verf. vom 6. Dezember 1899, betr. das Verfahren in Angelegenheiten der freiw. Gerichtsbarkeit usw. (Zentral- und Bezirksamtsbl. S. 293), — Dienstanweisung für die Standesbeamten 1899 (Zentral- und Bezirksamtsbl. S. 153), berichtigt durch Verf. v. 25. Januar 1900 (a. a. O. S. 49).

7. Hamburg: Verordnung, betr. die Ausführung des Reichsges. über die Beurkundung des Personenstandes usw., vom 6. Dezember 1875 (GS. Abt. I Nr. 32), — §§ 67, 68, 70 des Gesetzes, betreffend Ausführung des Bürgerlichen Gesetzbuchs, vom 14. Juli 1899 (Amtsblatt der freien und Hansestadt Hamburg Nr. 100 S. 34), — § 11 des Gesetzes, betreffend die Vormundschaftsbehörde, vom 14. Juli 1899 (Amtsbl. Nr. 100 S. 369), — § 12 des hamburgischen Gesetzes über Angelegenheiten der frei-

willigen Gerichtsbarkeit vom 29. Dezember 1899 (Amtsbl. Nr. 203 S. 1168), — Verordnung des Senats zur Ausführung des BGB. vom 1. Dezember 1899 (Amtsbl. Nr. 184 S. 1035), — Dienstanweisung für die hamburgischen Standesämter vom 1. Januar 1900 (im Amtsbl. nicht veröffentlicht).

8. Hessen: Artt. 2, 3, 104, 105, 107, 118 bis 122 des Gesetzes, die Ausführung des Bürgerlichen Gesetzbuchs betreffend, vom 17. Juli 1899 (Großherzogl. Hessisches Regierungsblatt 1899 Nr. 24 S. 133), — Artt. 37, 38, 40 bis 45 Abs. 2 des Gesetzes, die Ausführung des Gesetzes über die Angelegenheiten der freiwilligen Gerichtsbarkeit betreffend, vom 18. Juli 1899 (a. a. O. Nr. 27 S. 287), — Verordnung zur Ausführung des Art. 2 Abs. 3 des Gesetzes, die Ausführung des BGB. betreffend, vom 14. Oktober 1899 (a. a. O. Nr. 51 S. 673), — Verordnung zur Ausführung des Gesetzes über die Beurkundung des Personenstandes usw., vom 12. November 1899 (a. a. O. Nr. 56 S. 893), — Dienstanweisung für die Großherzogl. Standesbeamten vom 29. November 1899 (a. a. O. Nr. 63 S. 1095).

9. Lippe: §§ 1, 2, 33, 34, 36, 38 bis 40 des Ausführungsgesetzes zum Bürgerlichen Gesetzbuche vom 17. November 1899 (GS. für das Fürstentum Lippe 1899 Nr. 14 S. 489), — Verordnung zur Ausführung des § 1322 BGB. vom 2. Dezember 1899 (a. a. O. Nr. 15 S. 545), — Verordnung zur Ausführung des Reichsgesetzes vom 6. Februar 1875 über die Beurkundung des Personenstandes usw. vom 30. November 1875 (a. a. O. Nr. 15

S. 415), — Instruktion der Regierung vom 20. November 1875 zur Ausführung des Gesetzes über die Beurkundung des Personenstandes usw. (a. a. O. S. 436).

10. Lübeck: §§ 1, 98, 99, 107, 108, 119, 121 des Ausführungsgesetzes zum Bürgerlichen Gesetzbuche usw. vom 30. Oktober 1899 (Sammlung der lübeckischen Verordnungen und Bekanntmachungen Bd. LXVI 1899 Heft IV Nr. 67 S. 150), — § 16 des Ausführungsgesetzes zum Reichsgesetze vom 17. Mai 1898 über die Angelegenheiten der freiwilligen Gerichtsbarkeit vom 18. September 1899 (a. a. O. Nr. 63 S. 135), — Verordnung betr. die Ausführung des Reichsgesetzes vom 6. Februar 1875 über die Beurkundung des Personenstandes usw., vom 3. Mai 1899 (a. a. O. Nr. 65 S. 146), — Anweisung für die Standesbeamten der freien und Hansestadt Lübeck vom 15. Dezember 1899 (in der amtl. Sammlung nicht veröffentlicht).

11. Mecklenburg-Schwerin: §§ 11, 206, 218, 221 bis 224 der Verordnung vom 9. April 1899 zur Ausführung des Bürgerlichen Gesetzbuchs (Regierungsblatt für das Großherzogtum Mecklenburg-Schwerin 1899 Nr. 13 S. 57), — §§ 49 bis 51 der Verordnung vom 9. April 1899 zur Ausführung des Gesetzes über die Angelegenheiten der freiwilligen Gerichtsbarkeit (a. a. O. Nr. 18 S. 227), — Verordnung vom 11. Oktober 1899 zur Ausführung des Personenstandsgesetzes (a. a. O. Nr. 47 S. 581), — Dienstvorschriften für die Standesbeamten vom 11. Oktober 1899 (a. a. O. Nr. 47 S. 588).

12. Mecklenburg-Strelitz: §§ 11, 204, 216, 219 bis

222 der Verordnung zur Ausführung des Bürgerlichen Gesetzbuchs vom 9. April 1899 (Großherzoglich Mecklenburg-Strelitzischer Offizieller Anzeiger für Gesetzgebung und Staatsverwaltung im Fürstentum Ratzeburg 1899 Nr. 9 S. 49), — §§ 47 bis 49 der Verordnung zur Ausführung des Gesetzes über die Angelegenheiten der freiwilligen Gerichtsbarkeit vom 9. April 1899 (a. a. O. Nr. 14 S. 287), — Verordnung vom 11. Oktober 1899 zur Ausführung des Personenstandsgesetzes (a. a. O. S. 531), — Dienstvorschriften für die Standesbeamten vom 11. Oktober 1899 (a. a. O. S. 538).

13. Oldenburg: §§ 7 bis 9 der Verordnung für das Großherzogtum Oldenburg zur Ausführung des Bürgerlichen Gesetzbuchs vom 1. Dezember 1899 (Gesetzblatt für das Herzogtum Oldenburg Bd. XXXII Stück 62 S. 651), – ferner a) Herzogtum Oldenburg: §§ 18, 19 des Gesetzes für das Herzogtum Oldenburg zur Ausführung des Bürgerlichen Gesetzbuchs vom 15. Mai 1899 (Gesetzblatt für das Herzogtum Oldenburg Bd. XXXII Stück 42 Nr. 76 S. 405); b) Fürstentum Birkenfeld: §§ 63, 64 des Gesetzes für das Fürstentum Birkenfeld zur Ausführung des Bürgerlichen Gesetzbuchs vom 15. Mai 1899 (Gesetzblatt für das Fürstentum Birkenfeld Bd. 15 Stück 50 S. 199); c) Fürstentum Lübeck: §§ 17, 18 des Gesetzes für das Fürstentum Lübeck zur Ausführung des Bürgerlichen Gesetzbuchs vom 15. Mai 1899 (Gesetzblatt für das Fürstentum Lübeck Bd. 22 Stück XXI S. 119), — Verordnung vom 8. November 1875, betr. die Ausführung des Reichsgesetzes vom 6. Februar 1875 usw., soweit sie vom

1. Januar 1900 an noch Geltung hat laut Bekanntmachung des Staatsministeriums vom 1. November 1899 (Amtl. Zusammenstellung der Vorschriften über die Beurkundung des Personenstandes usw. S. 69), — Dienstanweisung für die Standesbeamten vom 1. November 1899 (Gesetzblatt XXXII. Bd. 57. Stück S. 583), — Gesetz, betr. Änderung von Familiennamen und Vornamen, vom 22. Dezember 1906 und Bekanntmachung des Staatsministeriums dazu vom 22. Dezember 1906 (Gesetzblatt S. 4, 5).

14. Reuß älterer Linie: §§ 5, 111, 118, 119, 121, 122 des Gesetzes vom 26. Oktober 1899, die Ausführung des Bürgerlichen Gesetzbuchs vom 18. August 1896 und des Einführungsgesetzes von demselben Tage betreffend (Gesetzsammlung für das Fürstentum Reuß älterer Linie 1899 Nr. 7 S. 25), §§ 4, 9, 32, 33 des Gesetzes vom 27. Oktober 1899 zur Ausführung des Reichsgesetzes über die Angelegenheiten der freiwilligen Gerichtsbarkeit vom 17. Mai 1898 (a. a. O. Nr. 8 S. 65), — Landesherrliche Verordnung vom 20. Dezember 1899 zur Ausführung des Bürgerlichen Gesetzbuchs usw. (a. a. O. Nr. 17 S. 332), — Landesherrliche Verordnung vom 30. Dezember 1899, die Ausführung des Personenstandsgesetzes in der vom 1. Januar 1900 an geltenden Fassung betr. (a. a. O. Nr. 18 S. 343), — Instruktion für die Standesbeamten vom 30. Dezember 1899 (a. a. O. Nr. 18 S. 347) und Nachtrag vom 11. Dezember 1900 (a. a. O. S. 241).

15. Reuß jüngerer Linie: §§ 2 bis 4, 92, 95, 96 des Gesetzes vom 10. August 1899, die Ausführung des

Bürgerlichen Gesetzbuchs vom 18. August 1896 und des Einführungsgesetzes dazu von demselben Tage betreffend (Gesetzsammlung für das Fürstentum Reuß jüngerer Linie Nr. 580 S. 1), — §§ 21, 33 bis 39 des Gesetzes vom 10. August 1899 zur Ausführung Reichsgesetzes über die Angelegenheiten der freiwilligen Gerichtsbarkeit (a. a. O. Nr. 580 S. 46), — Landesherrliche Verordnung vom 1. November 1899 zur Ausführung des Bürgerlichen Gesetzbuchs usw. (a. a. O. Nr. 585 S. 245), — Landesherrliche Verordnung vom 8. Dezember 1899, die Ausführung des Personenstandsgesetzes in der vom 1. Januar 1900 an geltenden Fassung betr. (a. a. O. Nr. 593 S. 447) — Instruktion für die Standesbeamten vom 9. Dezember 1899 (a. a. O. Nr. 593 S. 451).

16. Sachsen: §§ 1, 32 bis 35 der Verordnung zur Ausführung des Bürgerlichen Gesetzbuchs und der zu dessen Ein- und Ausführung ergangenen Gesetze vom 6. Juli 1899 (Gesetz- und Verordnungsblatt für das Königreich Sachsen 1899 Stück 9 Nr. 44 S. 203), ergänzt in § 32 durch Verordnung vom 9. Mai 1904 (a. a. O. S. 137), in § 1 durch Verordnung vom 12. Mai 1905 (a. a. O. S. 155), — §§ 16, 44 des Gesetzes zur Ausführung einiger mit dem Bürgerlichen Gesetzbuche zusammenhängender Reichsgesetze vom 15. Juni 1900 (a. a. O. 1900 Stück 10 Nr. 55 S. 269), — § 3 der Verordnung zur Ausführung der Gesetze über die Angelegenheiten der freiwilligen Gerichtsbarkeit usw. vom 16. Juni 1900 (a. a. O. 1900 Stück 10 Nr. 56 S. 299), — Verordnung vom 12. Juli 1899, die Ausführung des Reichsgesetzes über die Beurkundung des Personen-

standes betr. (a. a. O. Stück 8 Nr. 13 S. 159), — Verordnungen, die Geschäftsführung der Standesbeamten betr., vom 6. und 25. Oktober 1899, 1. Juni und 24. Oktober 1900 (Sächs. Wochenblatt 1899 S. 267, 280; 1900 S. 143; 1901 S. 1), — §§ 559, 577 bis 585, 625, 1399 der Geschäftsordnung für die Königl. Sächsischen Justizbehörden.

17. Sachsen-Altenburg: §§ 94 bis 96 des Ausführungsgesetzes zum Bürgerlichen Gesetzbuche vom 4. Mai 1899 (Herzoglich Sachsen-Altenburgische Gesetzsammlung 1899 Stück V Nr. 23 S. 31), — § 13 des Ausführungsgesetzes zum Reichsgesetz über die Angelegenheiten der freiwilligen Gerichtsbarkeit vom 4. Mai 1899 (GS. Stück V Nr. 28 S. 80), — § 17 der Höchsten Verordnung zur Ausführung des Bürgerlichen Gesetzbuchs und seiner Nebengesetze vom 24. Juni 1899 (GS. Stück VII Nr. 31 S. 103), — Höchste Verordnung zur Ausführung des Reichsgesetzes über die Beurkundung des Personenstandes usw., vom 13. November 1899 (GS. S. 247 Nr. 61).

18. Sachsen-Koburg und Gotha: Artt. 3, 40, 41, 43 bis 45 des Ausführungsgesetzes zum Bürgerlichen Gesetzbuche vom 20. November 1899 (Gemeinschaftliche Gesetzsammlung für die Herzogtümer Koburg und Gotha Nr. 629 S. 199), — §§ 9 bis 14 der Verordnung, betreffend die Ausführung des Bürgerlichen Gesetzbuchs und seiner Nebengesetze (a. a. O. Nr. 639 S. 649), — Verordnungen, die Ausführung des Reichsgesetzes über die Beurkundung des Personenstandes betr., vom 1. November 1875

und 24. Oktober 1877 (a. a. O. 1875 Nr. 14 S. 131, 1877 Nr. 837 S. 190).

19. Sachsen-Meiningen: Artt. 22 bis 25 des Ausführungsgesetzes zum Bürgerlichen Gesetzbuch vom 9. August 1899 (Sammlung der landesherrlichen Verordnungen im Herzogtum Sachsen-Meiningen 1899 Bd. XXIII Nr. 80 S. 333), — Instruktion für die Standesbeamten vom 26. Februar 1876 (Samml. der Ausschreiben der landesherrlichen Oberbehörden Bd. 6 Nr. 32 S. 344).

20. Sachsen-Weimar-Eisenach: §§ 5 bis 9, 175 bis 182, 192, 193 des Ausführungsgesetzes zum Bürgerlichen Gesetzbuch vom 5. April 1899 (Reg.-Blatt für das Großherzogtum Sachsen-Weimar-Eisenach Nr. 13 S. 123), — Artt. 9, 23, 63 bis 67 des Gesetzes vom 12. April 1899, die Ausführung des Reichsgesetzes über die Angelegenheiten der freiwilligen Gerichtsbarkeit vom 17. Mai 1898 betreffend (a. a. O. Nr. 14 S. 207), — Verordnung vom 21. Dezember 1899 zur Ausführung des Reichsgesetzes über die Beurkundung des Personenstandes usw. (a. a. O. S. 793 Nr. 48), — Unterweisung für die Standesbeamten des Großherzogtums Sachsen vom 1. November 1903.

21. Schaumburg-Lippe: §§ 1 bis 5, 37, 38, 42 des Gesetzes zur Ausführung des Bürgerlichen Gesetzbuchs vom 23. August 1899 (Schaumburg-Lippische Landesverordnungen Bd. XVIII Jahrg. 1899 Nr. 13 S. 153), — § 20 des Ausführungsgesetzes vom 16. August 1899 zum Reichsgesetze über die Angelegenheiten der freiwilligen Gerichtsbarkeit vom 17. Mai 1898 (a. a. O. Nr. 12 S. 127), — Ver-

ordnung die Beurkundung des Personenstandes betr., vom 11. Dezember 1875 (a. a. O. Bd. 12 Nr. 13 S. 341) nebst Verordnung vom 13. August 1879 (a. a. O. Bd. 13 S. 301), — Instruktion für die Standesbeamten vom 11. Dezember 1875 (a. a. O. S. 347) nebst Nachträgen vom 18. März 1876 (a. a. O. Bd. 12 S. 410), 13. Februar 1877 (a. a. O. S. 422), 13. März 1877 (a. a. O. S. 445).

22 Schwarzburg-Rudolstadt: Artt. 6, 126 bis 133, 150 bis 153 des Ausführungsgesetzes zum Bürgerlichen Gesetzbuche vom 11. Juli 1899 (Gesetzsammlung für das Fürstentum Schwarzburg-Rudolstadt 1899 Bd. LX 12. Stück Nr. XVI S. 45), Art. 21 des Ausführungsgesetzes zum Reichsgesetze über die Angelegenheiten der freiwilligen Gerichtsbarkeit vom 11. Juli 1899 (a. a. O. 13. Stück Nr. XIX S. 94), — Verordnung betr. die Ausführung des Reichsgesetzes über die Beurkundung des Personenstandes usw., vom 20. Januar 1900 (a. a. O. 6. Stück Nr. XIV S. 79), — Verordnung vom 11. April 1900, betreffend die Eintragung von Namensänderungen in die Standesregister (a. a. O. 1900 Bd. LXI 19. Stück Nr. XLVII S. 299), — Min.-Bekanntmachung vom 11. Dezember 1875, die Instruktion für die Standesbeamten betr. (a. a. O. Stück 15 S. 249) nebst Nachträgen.

23. Schwarzburg-Sondershausen: Artt. 1, 47, 49, 52 des Ausführungsgesetzes zum Bürgerlichen Gesetzbuche, vom 19. Juli 1899 (Gesetzsammlung für das Fürstentum Schwarzburg-Sondershausen 1899 Stück 6 Nr. 13 S. 29), — Verordnung, die Aus-

führung des Reichsgesetzes über die Beurkundung des Personenstandes usw. betr., vom 10. Oktober 1899 (a. a. O. 29. Stück Nr. 38 S. 249), — Instruktion für die Standesbeamten vom 10. Dezember 1875 (a. a. O. Stück 21 S. 259) nebst Nachträgen.

24. **Waldeck:** Artt. 22, 32, 34 des Ausführungsgesetzes zum Bürgerlichen Gesetzbuche vom 11. Dezember 1899 (Fürstlich Waldeckisches Regierungsblatt 1899 Nr. 28 S. 137), — Artt. 9 bis 11 der Verordnung zur Ausführung des Bürgerlichen Gesetzbuchs vom 20. Dezember 1899 (a. a. O. Nr. 29 S. 237), — Allg. Verf. des Preuß. Just.-Min. vom 27. Dezember 1899, betr. die Geltung des aus Anlaß des Inkrafttretens des Bürgerlichen Gesetzbuchs und seiner Nebengesetze erlassenen Ausführungsbestimmungen in den Fürstentümern Waldeck und Pyrmont (JMBl. 1899 S. 889).

25. **Württemberg:** Artt. 52, 81, 132 bis 134, 255 bis 259, 266 bis 270 des Ausführungsgesetzes zum Bürgerlichen Gesetzbuch und dessen Nebengesetzen, vom 28. Juli 1899 (Regierungsblatt für das Königreich Württemberg 1899 Nr. 22 S. 423), — Verf. des Just.-Min. vom 9. Oktober 1899, betr. Namensänderung (Reg.Bl. Nr. 33 S. 745), — Verf. des Min. d. Justiz u. d. Innern vom 30. Oktober 1899, betr. die Ausführung des Reichsgesetzes über die Beurkundung des Personenstandes usw. (Reg.Bl. Nr. 40 S. 861), — Verf. des Min. d. Justiz u. d. Innern vom 30. Oktober, betr. die Führung der Familienregister und die Mitteilungen über Personenstandsänderungen (Reg.Bl. Nr. 41 S. 893), —

Verf. des Just.-Min. vom 4. Januar 1900, betr. die Aufsicht der Amtsgerichte über die Amtsführung der Standesbeamten (Amtsblatt S. 4), — Verf. des Min. der Justiz und des Innern vom 21. Dezember 1905, die Eheschließung von Ausländern betr. (Reg.-Bl. 1906 S. 3), — Verf. des Min. der Justiz und des Innern, betr. den Sonntagsdienst der Standesbeamten, vom 24. Januar 1907 (Reg.Bl. S. 10).

A.

(Nr. 1040.)

Gesetz über die Beurkundung des Personenstandes und die Eheschließung.

Vom 6. Februar 1875.

(RGBl. Nr. 4 S. 23 ff.)

Text in der vom 1. Januar 1900 an geltenden, durch Artikel 46 des Einführungsgesetzes zum Bürgerlichen Gesetzbuche, vom 18. August 1896 (RGBl. Nr. 2322 S. 604 ff.) und § 186 des Gesetzes über die Angelegenheiten der freiwilligen Gerichtsbarkeit, vom 17. Mai 1898 (Fassung vom 20. Mai 1898 — RGBl. S. 771 —) sowie durch das Reichsgesetz vom 14. April 1905 (RGBl. S. 251) gegebenen Fassung.

Wir **Wilhelm**, von Gottes Gnaden Deutscher Kaiser, König von Preußen ꝛc. verordnen im Namen des Deutschen Reichs, nach erfolgter Zustimmung des Bundesrats und des Reichstags, was folgt:

Erster Abschnitt.

Allgemeine Bestimmungen.

Geschäftskreis der Standesbeamten.

§ 1. Die Beurkundung der Geburten[1], Heiraten[2] und Sterbefälle[3] erfolgt ausschließlich[4] durch die vom Staate[5] bestellten Standesbeamten mittels Eintragung in die dazu bestimmten Register[6].

[1]) §§ 17 ff. — [2]) §§ 41 ff. — [3]) §§ 56 ff.

[4]) sowohl gegenüber den Organen der Religionsgesellschaften, als auch gegenüber anderen staatlichen Behörden oder Beamten.

[5]) Als vom Staate bestellt gelten auch die als Standesbeamte fungierenden Gemeindebeamten (§ 4).

[6]) §§ 12 ff. Eine andere Art der Beurkundung als durch Eintragung in die Register ist verboten und ohne Beweiskraft. Das Wesentliche der Eintragung ist die Unterschrift des Standesbeamten; der übrige Inhalt kann durch eine andere Person geschrieben oder durch Druck hergestellt werden. — Die Herbeiführung unrichtiger Beurkundungen über familienrechtlich erhebliche Tatsachen in den Standesregistern begründet die Strafbarkeit nach § 271 StGB. (intellektuelle Urkundenfälschung) und unter Umständen gleichzeitig nach § 169 StGB. (Veränderung oder Unterdrückung des Personenstandes) — zahlreiche Entscheidungen des Reichsgerichts —.

Bildung der Standesamtsbezirke.

§ 2. Die Bildung der Standesamtsbezirke erfolgt durch die höhere Verwaltungsbehörde[1].

Die Standesamtsbezirke können aus einer oder mehreren Gemeinden gebildet, größere Gemeinden in mehrere Standesamtsbezirke geteilt werden[2].

[1]) Regierungspräsident, im Stadtkreise Berlin Oberpräsident: Zus. zu § 84. Reine Verwaltungssache und dem Ermessen der Verwaltungsbehörde überwiesen mit der Abs. 2 bestimmten Maßgabe.

[2]) Nach den zur Ausführung des Personenstandsgesetzes erlassenen Bestimmungen sind die zur Zuständigkeit des Standesbeamten gehörigen Amtshandlungen, insoweit sie sich auf die in den Standesregistern beurkundeten Standesakte beziehen (Erteilung von Registerauszügen, Eintragung von Randvermerken, Entgegennahme von Legitimationserklärungen usw.), allgemein von demjenigen Standesbeamten vorzunehmen, welcher den betreffenden Standesakt beurkundet hat oder in dessen Register er eingetragen ist. — Im Falle der Teilung eines Standesamtsbezirks verbleiben die bis zur

Abtrennung des neuen Bezirks geführten Standesregister bei dem Standesamte des Stamm- (Rest-) Bezirks und hat sich daher allen Amtshandlungen der eingangs bezeichneten Art, welche die in diesem Register beurkundeten Standesakte betreffen, der Standesbeamte des Stamm- (Rest-) Bezirks zu unterziehen. — Die Zuständigkeit des Standesbeamten des abgetrennten neuen Bezirks erstreckt sich ausschließlich auf die nach Bildung dieses Bezirks aufzunehmenden Standesakte und die auf diese bezüglichen Amtshandlungen. Verf. d. Min. d. Inn. vom 24. Juli 1906 (BMBl. S. 230).

Bestellung der Standesbeamten.

§ 3. Für jeden Standesamtsbezirk ist ein Standesbeamter[1] und mindestens ein Stellvertreter[2] zu bestellen. Für den Fall vorübergehender Behinderung oder gleichzeitiger Erledigung des Amtes des Standesbeamten und der Stellvertreter ist die nächste Aufsichtsbehörde[3] ermächtigt, die einstweilige Beurkundung des Personenstandes einem benachbarten Standesbeamten oder Stellvertreter zu übertragen.

Die Bestellung erfolgt, soweit nicht im § 4 ein anderes bestimmt ist, durch die höhere Verwaltungsbehörde[4].

Geistlichen und anderen Religionsdienern[5] darf das Amt eines Standesbeamten oder die Stellvertretung eines solchen nicht übertragen werden[6].

[1]) Nur ein Standesbeamter. Wird ein Bezirk zu groß, so ist er in mehrere selbständige Standesamtsbezirke zu zerlegen. Die Beauftragung derselben Person mit Wahrnehmung der Geschäfte in zwei oder mehreren Standesamtsbezirken ist durch das Gesetz nicht ausgeschlossen.

[2]) Der eintritt, wenn das Standesamt erledigt oder der Standesbeamte tatsächlich oder rechtlich behindert ist; vgl.

§ 27 BRB. (B I). — Der Stellvertreter hat seine Eigenschaft bei seiner Unterschrift durch die voll auszuschreibenden Worte „In Vertretung" erkennbar zu machen (§ 20 BRB. und Formular A 2 und B 1).

³) In Landgemeinden und Gutsbezirken der Landrat als Vorsitzender des Kreisausschusses, in den Stadtgemeinden der Regierungspräsident, in den Hohenzollernschen Landen der Oberamtmann als Vorsitzender des Amtsausschusses: § 11 des Ges. und Zus. zu § 84.

⁴) Anm. 1 zu § 2. — ⁵) der Juden und Dissidenten.

⁶) Nicht mehr im Dienste befindlichen Geistlichen oder Religionsdienern kann das Amt übertragen werden.

Standesbeamte in Einzelgemeinden.

§ 4. In den Standesamtsbezirken, welche den Bezirk einer Gemeinde nicht überschreiten, hat der Vorsteher der Gemeinde (Bürgermeister, Schultheiß, Ortsvorsteher oder deren gesetzlicher Stellvertreter) [1] die Geschäfte des Standesbeamten wahrzunehmen, sofern durch die höhere Verwaltungsbehörde [2] nicht ein besonderer Beamter für dieselben bestellt ist [3]. Der Vorsteher ist jedoch befugt, diese Geschäfte mit Genehmigung der höheren Verwaltungsbehörde anderen Gemeindebeamten widerruflich zu übertragen.

Die Gemeindebehörde kann die Anstellung besonderer Standesbeamten [4] beschließen. Die Ernennung der Standesbeamten erfolgt in diesem Falle durch den Gemeindevorstand unter Genehmigung der höheren Verwaltungsbehörde [2, 5].

In der gleichen Weise erfolgt die Bestellung der Stellvertreter [6].

Die durch den Gemeindevorstand ernannten besonderen Standesbeamten und deren Stellvertreter sind Gemeindebeamte[7].

[1]) Vgl. Zus. zu § 84. — [2]) Anm. 1 zu § 2. — [3]) gemäß § 3 Abs. 2; vgl. aber Abs. 2. — [4]) die Gemeindebeamte sind: Abs. 4. — [5]) Entschädigung: § 7. — [6]) Anm. 2 zu § 3.

[7]) in bezug auf Kontrolle und Aufsicht der Gemeindebehörde und nur in ihrer Eigenschaft als Standesbeamte (vgl. Anm. 4 zu § 5). — Gegensatz: die gemäß § 7 Abs. 4 bestellten Standesbeamten, die unmittelbare Staatsbeamten sind.

Widerruf der Bestellung.

§ 5. Die durch die höhere Verwaltungsbehörde[1] erfolgte Bestellung[2] und Genehmigung[3] zur Bestellung ist jederzeit widerruflich[4] [5].

[1]) Anm. 1 zu § 2. — [2]) Vgl. §§ 3 Abs. 2, 7 Abs. 4. — [3]) Vgl. § 4 Abs. 1 und 2.

[4]) Macht die Verwaltungsbehörde von ihrem Widerrufsrechte Gebrauch, so erledigt sich damit das Amt des besonderen Standesbeamten; dieser verliert gleichzeitig mit dem ihm übertragen gewesenen Amte die Eigenschaft eines Gemeindebeamten (vgl. § 4 Abs. 4) und kann sich demgegenüber für die Fortdauer der Gemeindebeamtenqualität nicht auf die Vorschrift des § 56 Ziff. 6 der Städteordnung vom 30. Mai 1853 berufen (U. d. RG. v. 29. März 1897 — Entsch. in Ziv.S. Bd. 39 S. 261).

[5]) Niederlegung des Amtes statthaft, soweit nicht nach §§ 4 und 6 eine Pflicht zur Uebernahme besteht. Das Amt des Standesbeamten endigt von selbst bei den nur in ihrer Eigenschaft als Gemeindebeamte mit der Standesamtsführung betrauten Personen (§ 4), wenn sie ihr Amt verlieren.

Standesbeamte in zusammengesetzten Bezirken.

§ 6. Ist ein Standesamtsbezirk aus mehreren Gemeinden[1] gebildet, so werden der Standesbeamte und dessen Stellvertreter stets von der höheren Verwaltungsbehörde[2] bestellt[3].

Ein jeder Vorsteher[1]) oder andere Beamte einer dieser Gemeinden ist verpflichtet, das Amt des Standesbeamten oder des Stellvertreters zu übernehmen.

Die landesgesetzlichen Vorschriften, nach welchen den Vorstehern der aus mehreren Gemeinden gebildeten Verbände die gleiche Verpflichtung obliegt, werden hierdurch nicht berührt[4].

[1]) Vgl. § 10. — [2]) Anm. 1 zu § 2.

[3]) Gemäß § 3 Abs. 2; es wird nicht die Bestellung bloß genehmigt, wie nach § 4.

[4]) „Dieselbe Verpflichtung (zur Uebernahme des Amtes eines Standesbeamten oder Stellvertreters) haben die besoldeten Vorsteher der aus mehreren Gemeinden eines Kreises zusammengesetzten Verwaltungsbezirke (kommissarische Amtsvorsteher, Amtmänner, Hardesvögte, Kirchspielvögte usw.), mit Ausnahme jedoch der Amtshauptleute in der Provinz Hannover und der Amtmänner im Regierungsbezirke Wiesbaden." § 3 Abs. 5 Satz 2 des Gesetzes vom 9. März 1874 (GS. S. 95).

Entschädigung.

§ 7. Die etwa erforderliche Entschädigung der nach § 4 von den Gemeinden bestellten Standesbeamten fällt der Gemeinde zur Last.

Die in § 6 Absatz 2 und 3 bezeichneten Beamten sind berechtigt, für Wahrnehmung der Geschäfte des Standesbeamten von den zum Bezirk ihres Hauptamtes nicht gehörigen Gemeinden[1] eine in allen Fällen als Pauschquantum festzusetzende Entschädigung zu beanspruchen.

Die Festsetzung erfolgt durch die untere Verwaltungsbehörde[2]; über Beschwerden entscheidet endgültig die höhere Verwaltungsbehörde[3].

Bestellt die höhere Verwaltungsbehörde[4] andere Personen zu Standesbeamten oder zu Stellvertretern, so fällt die etwa zu gewährende Entschädigung der Staatskasse zur Last.

[1]) Nicht von der Gemeinde des Hauptamts.

[2]) In Stadtgemeinden die Gemeindevertretung, in Landgemeinden und Gutsbezirken der Kreisausschuß, in den Hohenzollernschen Landen der Amtsausschuß: Zus. zu § 84.

[3]) Bezirksausschuß: Zus. zu § 84.

[4]) Regierungspräsident, im Stadtkreise Berlin Oberpräsident: vgl. §§ 4 und 6 und Anm. 1 zu § 2.

Sächliche Kosten.

§ 8. Die sächlichen Kosten[1] werden in allen Fällen von den Gemeinden getragen; die Register und Formulare zu allen Registerauszügen[2] werden jedoch den Gemeinden von der Zentralbehörde des Bundesstaats kostenfrei geliefert.

[1]) Dazu gehören: Besoldung der Schreibgehilfen und Diener, Ausgaben für Miete, Einrichtung, Heizung und Beleuchtung der Räume des Standesamts, für Schreibmaterialien, Dienstsiegel, Bücher, etwaige Reisekosten, endlich die Portoauslagen, soweit nicht Portofreiheit besteht oder Privatpersonen es zu tragen haben. Wegen des Portos trifft die Verfügung des Min. d. Inn. v. 15. Mai 1892 (VMBl. S. 221) die Bestimmung, daß die Standesämter ihre Postsendungen, insbesondere an die Staats-, Gemeinde- und sonstigen Kommunalbehörden anderer Bundesstaaten sowie an preußische Gemeinde- und Kommunalbehörden zu frankieren haben und daß auf die Wiedereinziehung grundsätzlich zu verzichten ist. Diese Bestimmungen sind durch den Staatsministerialbeschluß vom 7. Februar 1894 (VMBl.

S. 37) über die Aversionierung der Portoauslagen nicht betroffen, da das mit der Reichspostverwaltung getroffene Abkommen sich nur auf die bisher aus der Staatskasse gezahlten Porti bezieht.

[2]) Vgl. §§ 1, 6, 7 und 8 BRB. nebst Anlagen (B I).

Verteilung der Kosten.

§ 9. In Standesamtsbezirken, welche aus mehreren Gemeinden gebildet sind[1], wird die den Standesbeamten oder den Stellvertretern zu gewährende Entschädigung und der Betrag der sächlichen Kosten auf die einzelnen beteiligten Gemeinden nach dem Maßstabe der Seelenzahl verteilt.

[1]) Vgl. § 7.

Gutsbezirke.

§ 10. Den Gemeinden im Sinne dieses Gesetzes werden die außerhalb der Gemeinden stehenden Gutsbezirke[1], den Gemeindevorstehern die Vorsteher dieser Bezirke gleich geachtet.

[1]) § 122 der Landgemeindeordnung für die sieben östlichen Provinzen vom 3. Juli 1891 (GS. S. 233).

Aufsicht.

§ 11. Die Aufsicht über die Amtsführung der Standesbeamten wird von der unteren Verwaltungsbehörde[1], in höherer Instanz von der höheren Verwaltungsbehörde[2] geübt, insoweit die Landesgesetze nicht andere Aufsichtsbehörden bestimmen.

Die Aufsichtsbehörde ist befugt, gegen den Standesbeamten Warnungen, Verweise und Geldstrafen zu verhängen. Letztere dürfen für jeden einzelnen Fall den Betrag von einhundert Mark nicht übersteigen.

Lehnt der Standesbeamte die Vornahme einer Amtshandlung ab[2], so kann er dazu auf Antrag der Beteiligten durch das Gericht angewiesen werden. Zuständig ist das Gericht erster Instanz[3], in dessen Bezirk der Standesbeamte seinen Amtssitz hat. Das Verfahren[4] und die Beschwerdeführung[5] regelt sich nach den Vorschriften, welche in Sachen der nichtstreitigen Gerichtsbarkeit gelten[6].

[1]) In den Landgemeinden und Gutsbezirken der Landrat als Vorsitzender des Kreisausschusses, in den Hohenzollernschen Landen der Oberamtmann als Vorsitzender des Amtsausschusses, in höherer Instanz der Regierungspräsident und der Minister des Innern; in den Stadtgemeinden der Regierungspräsident, in höherer Instanz der Oberpräsident und der Minister des Innern; im Stadtkreise Berlin der Oberpräsident, in höherer Instanz der Minister des Innern: Zus. zu § 84.

[2]) d. h. nicht nur: verweigert er schlechthin die Vornahme — sondern auch: verweigert er, die Amtshandlung so vorzunehmen, wie sie beantragt ist, oder knüpft er sie an ungerechtfertigte Bedingungen (Beschl. d. KG. v. 17. Dezbr. 1900 — Jahrb. Bd. 21 S. 49).

[3]) Amtsgericht: §§ 69, 186 FGG. — vgl. auch Zus. zu § 84.

[4]) Bei der Entscheidung, ob der Standesbeamte berechtigt war, eine Amtshandlung abzulehnen, muß das Amtsgericht nicht bloß die rechtlichen Erwägungen des Standesbeamten nachprüfen, sondern auch das gesamte ihm unterbreitete tatsächliche Material der Beurteilung unterziehen. Denn es findet grundsätzlich im Verfahren des § 11 Abs. 3 PStG. der § 12 FGG. Anwendung, wonach das Gericht von Amts wegen die zur Feststellung der Tatsachen erforderlichen Ermittelungeu zu veranstalten und die geeignet erscheinenden Beweise aufzunehmen hat. Der Grundsatz des § 12 FGG. erleidet aber insofern eine Ausnahme, als die Ermittelungs-

pflicht sich nicht auf die Nachweise bezieht, die der Antragsteller bei seinem Antrage auf Vornahme einer Amtshandlung des Standesbeamten diesem gegenüber zu führen hat; sonst würde es der Antragsteller in der Hand haben, durch Anrufen des Gerichts die nach dem Gesetze von ihm zu beschaffenden Unterlagen durch das Gericht beschaffen zu lassen, was vom Gesetz offenbar nicht gewollt ist. Beschl. d. KG. v. 19. Febr. 1909 (Jahrb. 37, 101). — Vgl. ferner Anm. 3 zu § 26.

[5]) Gegen die Entscheidung steht jedem, dessen Recht dadurch beeinträchtigt wird, die Beschwerde an das Landgericht zu (§§ 19 ff. FGG.), nicht aber dem Standesbeamten; dieser ist an die Entscheidung des Gerichts, die sich direkt an ihn (ohne Vermittlung der Aufsichtsbehörde) wendet, gebunden (Beschl. d. KG. v. 25. Januar 1908 — Jahrb. 27, 31 —).

[6]) §§ 8 ff. FGG.

— Zu vgl. überhaupt zu Abs. 3, 4 unten B V. —

Standesregister.

§ 12. Von jedem Standesbeamten[1] sind drei Standesregister[2] unter der Bezeichnung:

Geburtsregister[3],
Heiratsregister[4],
Sterberegister[5]

zu führen[6] [7] [8].

[1]) d. h. für jeden Standesamtsbezirk

[2]) die den ganzen Standesamtsbezirk umfassen müssen. Ueber die Anlegung mehrerer Bände für einen Jahrgang und die Zusammenfassung mehrerer Jahrgänge in einem Registerbande vgl. §§ 4 und 5 BRB. (B I).

[3]) Vgl. §§ 17 ff. — [4]) Vgl. § 54. — [5]) Vgl. §§ 59 ff.

[6]) in deutscher Sprache: § 11 BRB. (B I) nebst Anm. Zu vgl. überhaupt §§ 1, 20 BRB. nebst den Formularen.

[7]) Für jedes Register sind außerdem Sammelakten zu

halten: § 22 BRB. (B I); wegen sonstiger Verzeichnisse vgl. § 23 daselbst.

[8]) Den Standesbeamten sind außerdem verschiedene Geschäfte übertragen, deren Erledigung durch die Kenntnis des Personenstandes bedingt ist, nämlich:

a) die unentgeltliche Übersendung von Auszügen aus den Geburts- und Sterberegistern zur Aufstellung und Berichtigung der Rekrutierungsstammrollen (§§ 32 und 70 des Reichsmilitärgesetzes v. 2. Mai 1874 und §§ 45, 46 Ziff. 7 der Wehrordnung v. 22. November 1888);

b) die Herstellung der Impflisten (§ 7 des Impfgesetzes v. 8. April 1874 und § 2 des Preuß. Ausf.-Gesetzes dazu v. 12. April 1875);

c) die Anzeigen an das Vormundschaftsgericht gemäß § 48 FGG. und Allg. Verf. v. 30. November 1899 — vgl. B III —;

d) die Lieferung periodischer Auszüge aus den Sterberegistern — Totenlisten — an die Erbschaftssteuerämter (§ 2 der Bekanntmachung des Reichskanzlers, betr. Ausführungsbestimmungen zum Erbschaftssteuergesetz vom 3. Juni 1906, vom 16. Juni 1906 — RGBl. S. 829, JMBl. S. 177, — sowie Allg. Verf. des Min. d. Innern, betr. die Aufstellung der seitens der Standesämter an die Erbschaftssteuerämter einzusendenden Totenlisten, v. 23. Juni 1908 — Abgaben-ZBl. S. 1163 — und Ziff. 6 der Allg. Verf. des Finanzmin. betr. die Ausführung des Erbschaftssteuerges. v. 3. Juni 1906, vom 25. Juni 1906 — Abgaben-ZBl. S. 1158 —, ferner Erlaß d. Min. d. Innern u. d. Fin.-Min., betr. Abänderung des Termins für die Einreichung der Totenlisten einiger Standesämter an die Erbschaftssteuerämter, v. 25. September 1906 — Abgaben-ZBl. S. 1457 — und Verf. d. Min. d. Innern, betr. die Einsendung der Totenlisten der Standesämter an die Erbschaftssteuerämter, v. 30. Oktober 1909 — BMBl. S. 227 —);

e) die Ausfüllung und Einreichung von Zählkarten an das Kgl. Preuß. Statistische Bureau (Erlasse d. Min. d. Innern v. 20. November 1874, 20. Januar und 13. März 1875), sowie die zuverlässige und vollständige Angabe der Todesursache in diesen Zählkarten (Verf. d. Min. d. Innern v. 1. März 1907 — BMBl. S. 88 —);

f) die Übersendung von Jahreslisten (bis zum 15. Februar) der über 12 Jahre alten Personen an die Ortspolizeibehörden zwecks Mitteilung der verstorbenen Bestraften an die Staatsanwaltschaften (Strafregisterbehörden). Runderlaß v. 14. Juli 1890 (BMBl. S. 139) u. Verf. v. 9. Dezember 1903 (BMBl. 1904 S. 3);

g) die Verteilung von Merkblättern (Belehrung der Mütter und derjenigen Personen, denen die erste Pflege der Wöchnerinnen und Säuglinge anvertraut ist) an diejenigen Personen, welche Anzeigen über Lebendgeburten erstatten (Verf. d. Min. d. Innern, betr. Bekämpfung der Säuglingssterblichkeit, v. 14. Januar 1905 — BMBl. S. 28 —).

Eintragungen in die Register.

§ 13. Die Eintragungen[1] in die Standesregister erfolgen[2] unter fortlaufenden Nummern und ohne Abkürzungen. Unvermeidliche Zwischenräume sind durch Striche auszufüllen, die wesentlichen Zahlenangaben[3] mit Buchstaben zu schreiben[4].

Die auf mündliche Anzeige[5] oder Erklärung[6] erfolgenden Eintragungen sollen enthalten:

1. den Ort und Tag der Eintragung;
2. die Bezeichnung der Erschienenen[7];
3. den Vermerk des Standesbeamten, daß und auf welche Weise er sich die Überzeugung von der Persönlichkeit der Erschienenen verschafft hat[8];

4. den Vermerk, daß die Eintragung den Erschienenen vorgelesen und von denselben genehmigt ist;
5. die Unterschrift der Erschienenen[9] und, falls sie schreibensunkundig oder zu schreiben verhindert sind[10], ihr Handzeichen oder die Angabe des Grundes, aus welchem sie dieses nicht beifügen konnten[11];
6. die Unterschrift des Standesbeamten[12 13].

Die auf schriftliche Anzeige[14] erfolgenden Eintragungen sind unter Angabe von Ort und Tag der Eintragung zu bewirken und durch die Unterschrift des Standesbeamten zu vollziehen.

Zusätze[15], Löschungen[16] oder Abänderungen sind am Rande zu vermerken und gleich der Eintragung selbst besonders zu vollziehen[17].

[1]) Zu vgl. im allg. §§ 10 bis 13, 17, 18 BRB. (B I).

[2]) Es ist nicht vorgeschrieben, daß der Standesbeamte die Eintragungen selbst eigenhändig schreibe; vielmehr ist die Zuziehung eines Schreibgehilfen zulässig. Der Standesbeamte muß aber während der Aufnahme der Anzeige anwesend sein (wenn auch in einem Nebenraume) und sie stets unterschreiben. Durch die nachträgliche Unterschrift einer nicht in seiner Gegenwart aufgenommenen Urkunde macht er sich nach § 348 StGB. strafbar (RG. Entsch. in Strfs. Bd. XIII S. 116). — Wegen der Verhandlung mit Personen, die stumm oder sonst am Sprechen verhindert, oder taub, oder der deutschen Sprache nicht mächtig sind, vgl. §§ 10, 11 BRB. (B I).

[3]) Vgl. §§ 22 Nr. 2, 59 Nr. 2, 13 Nr. 1 in Verbindung mit § 54.

[4]) Zu vgl. die Musterausfüllung der Formulare.

[5]) §§ 19, 58. — [6]) § 1317 BGB. (unter § 51 ff.).

[7]) Auch des Dolmetschers. — Bezeichnung: § 22 Abs. 1 Nr. 1, § 59 Nr. 1. — Die Standesbeamten haben nach dem Erlasse des Min. d. Innern v. 25. September 1906 (BMBl.

S. 273) die Vornamen solcher Personen, welche als Anzeigende bei Geburts- oder Sterbefällen, als Eheschließende, Eheschließungszeugen oder behufs Aufnahme einer sonstigen Urkunde vor ihnen erscheinen, grundsätzlich und ohne Rücksicht auf eine etwaige abweichende Schreibart in vorgelegten älteren Urkunden oder eine abweichende Unterschrift der Beteiligten selbst, in der neuen Rechtschreibung einzutragen und zugleich in den zahlreichen Fällen, in denen den Beteiligten die Schreibart ihres Vornamens gleichgültig ist, auf diese dahin einzuwirken, daß sie sich bei Abgabe ihrer Unterschrift der nämlichen Schreibweise bedienen. Desgleichen ist bei Eintragungen in das Geburtsregister die neue Schreibweise anzuwenden, falls nicht der zur Erteilung des Vornamens Berechtigte eine andere Schreibweise ausdrücklich verlangt.

[8]) Wird die Persönlichkeit durch Zeugen festgestellt, so bedarf es deren Unterschrift nicht — vgl. Form. A 3. —

[9]) Berichtigung der Unterschrift: Anm. 1a zu § 65.

[10]) Wozu auch Blinde gehören. — [11]) Wird die Unterschrift geweigert, so ist der Grund der Weigerung in die Urkunde einzutragen und dabei ersichtlich zu machen, ob und inwieweit der Inhalt der Urkunde bei der Unterschriftsverweigerung nicht genehmigt wird. — Die Standesbeamten haben zweckmäßig erweisein solchen Fällen auf die bedenklichen Folgen hinzuweisen, welche möglicherweise durch eine spätere gerichtliche Ungültigkeitserklärung der Urkunde (vgl. § 15 des Ges.) eintreten können. Verf. d. Min. d. Innern vom 23. August 1902 (BMBl. S. 164). Zu vgl. Beschl. d. KG. v. 2. Februar 1904 (Jahrb. 27, 34).

[12]) Vgl. Anm. 6 zu § 1. Wegen der Unterschrift des Stellvertreters vgl. Anm. 2 zu § 3.

[13]) Beifügung des Dienstsiegels ist nur für die Auszüge vorgeschrieben: § 15.

[14]) §§ 20, 58. — [15]) Vgl. §§ 13, 17 BRB. (B I).

[16]) Die Zahl der in den Druckformularen gestrichenen Worte ist anzugeben; vgl. Form. A 2, A 3, A 4, C 1, C 3, C 4.

[17]) Die Vorschrift bezieht sich nur auf solche Berichtigungen, die sich während der Aufnahme und vor der Vollziehung als notwendig ergeben; spätere Berichtigung ist nur im Berichtigungsverfahren (§§ 65, 66) zulässig. Wegen der Berichtigung offenbarer Schreibfehler vgl. § 18 BRV. (B I).

Nebenregister.

§ 14. Von jeder Eintragung in das Register ist von dem Standesbeamten[1] an demselben Tage eine von ihm zu beglaubigende[2] Abschrift in ein Nebenregister einzutragen[3].

Nach Ablauf des Kalenderjahres hat der Standesbeamte jedes Haupt- und jedes Nebenregister unter Vermerkung der Zahl der darin enthaltenen Eintragungen[4] abzuschließen[5] und das Nebenregister der Aufsichtsbehörde[6] einzureichen; die letztere hat dasselbe nach erfolgter Prüfung dem Gerichte erster Instanz[7] zur Aufbewahrung zuzustellen.

Eintragungen, welche nach Einreichung des Nebenregisters in dem Hauptregister gemacht werden, sind gleichzeitig der Aufsichtsbehörde[6] in beglaubigter Abschrift mitzuteilen. Die Letztere hat zu veranlassen, daß diese Eintragungen dem Nebenregister beigeschrieben werden[8].

[1]) Vgl. Anm. 2 zu § 13. — [2]) ohne Beidrückung des Dienstsiegels: Anm. 9 zu § 13. — [3]) Vgl. §§ 2, 17 BRV. (B I). — [4]) d. i. der Haupteintragungen, nicht der Randeintragungen. — [5]) Vgl. § 5 BRV. — [6]) Anm. 1 zu § 11. — [7]) Amtsgericht: vgl. Zus. zu § 84.

[8]) Durch den Gerichtsschreiber des Aufbewahrungs-Amtsgerichts: 24 BRV. (B I); — vgl. B V.

Beweiskraft.

§ 15. Die ordnungsmäßig geführten Standesregister (§§ 12 bis 14) beweisen diejenigen Tatsachen, zu deren Beurkundung sie bestimmt[1] und welche in ihnen eingetragen sind, bis der Nachweis der Fälschung, der unrichtigen Eintragung oder der Unrichtigkeit der Anzeigen und Feststellungen, auf Grund deren die Eintragung stattgefunden hat, erbracht ist[2].

Dieselbe Beweiskraft haben die Auszüge[3], welche als gleichlautend mit dem Haupt- oder Nebenregister bestätigt und mit der Unterschrift und dem Dienstsiegel des Standesbeamten oder des zuständigen Gerichtsbeamten versehen sind[4] [5].

Inwiefern durch Verstöße gegen die Vorschriften dieses Gesetzes über Art und Form der Eintragungen die Beweiskraft aufgehoben oder geschwächt wird, ist nach freiem richterlichen Ermessen zu beurteilen.

[1]) Nur diese Tatsachen, nicht auch solche, die nebenbei in der Urkunde enthalten sind, z. B. beweist die Geburtsurkunde nicht die Eheschließung der Eltern u. dgl.

[2]) Zu vgl. § 16 Nr. 1 EG.ZPO. in der Fassung vom 17. Mai 1898, §§ 415, 418 ZPO. sowie Anm. 11 zu § 13. — Dieselbe rechtliche Bedeutung hat eine im gesetzlichen Verfahren bewirkte Berichtigung (§§ 65, 66). Der durch die Berichtigung Betroffene ist jedoch gegenüber jedem, der sich auf den Berichtigungsvermerk beruft, befugt, in dem durch § 15 zugelassenen Umfange den Einwand zu erheben, daß die vermerkte Tatsache falsch sei (U. d. Preuß. Ob. Verw. Gerichts v. 27. April 1909).

[3]) Sie haben den Charakter öffentlicher Urkunden. Strafbarkeit der Bewirkung der Unrichtigkeit: Anm. 6 zu § 1.

[4]) Zu vgl. § 6 BRB. (B I) nebst den Formularen und Zuss. (abgekürzte Auszüge, Geburtsscheine). — Zuständigkeit

für die Erteilung der Auszüge nach Teilung eines Standesamtsbezirks: Anm. 2 zu § 2.

[5]) Über Familienstammbücher, welchen zwar nicht die formelle Beweiskraft des § 15 zukommt, die aber doch im täglichen Leben und zwar sowohl in privaten Verhältnissen als auch im Verkehr mit Behörden meist als genügende Beweismittel für die Richtigkeit derjenigen Tatsachen, deren Eintragung in die Standesregister sie bescheinigen, angesehen werden, vgl. den Min.-Erlaß vom 29. April 1895 (BMBl. S. 135).

Einsicht, Auszüge.

§ 16. Die Führung der Standesregister und die darauf bezüglichen Verhandlungen erfolgen kosten- und stempelfrei[1 3].

Gegen Zahlung der nach dem angehängten Tarife zulässigen Gebühren müssen die Standesregister[2] jedermann zur Einsicht vorgelegt[3], sowie beglaubigte Auszüge (§ 15) aus denselben erteilt werden. In amtlichem Interesse und bei Unvermögen der Beteiligten ist die Einsicht der Register und die Erteilung der Auszüge gebührenfrei zu gewähren[4].

Jeder Auszug einer Eintragung muß auch die zu derselben gehörigen Ergänzungen und Berichtigungen enthalten[5].

[1]) Ausnahmen: §§ 27, 47. — Zu vgl. § 80 Abs. 2 PrGKG. und Tarifstelle 11 Abs. 2 des Tarifs zum Preuß. Stempelsteuergesetz.

[2]) Auch die Nebenregister.

[3]) Der Standesbeamte ist befugt, das nicht auf die Einsicht bestimmter Einträge, sondern auf eine allgemeine und unbeschränkte Durchsicht der Register gerichtete Verlangen zurückzuweisen (Beschl. d. OLG. Stuttgart v. 25. Januar 1905 — RJ. 5, 138 —).

[4]) Der Standesbeamte ist nicht befugt, bei der Anmeldung des Aufgebots zur Eheschließung statt selbst aus den von ihm geführten Registern die darin beurkundeten erheblichen Tatsachen festzustellen, den Beteiligten die Beibringung kostenpflichtiger Auszüge aufzuerlegen oder ihnen die Register zur kostenpflichtigen Einsichtnahme vorzulegen, es sei denn, daß die Angaben der Beteiligten über die erheblichen Tatsachen derart unbestimmt sind, daß die Urkunden in den Registern sich nicht ohne umständliches Nachforschen auffinden lassen. Verf. des Min. der Justiz und des Inn. vom 16. Dezember 1899 (BMBl. 1900 S. 7).

[5]) Vgl. § 15 Abs. 2.

Zweiter Abschnitt.

Beurkundung der Geburten.

Anzeigefrist.

§ 17. Jede Geburt eines Kindes[1] ist innerhalb einer Woche[2] dem Standesbeamten des Bezirks, in welchem die Niederkunft stattgefunden hat[3], anzuzeigen[4 5].

[1]) d. i. eines lebenden Kindes; wegen totgeborener oder in der Geburt verstorbener Kinder vgl. § 23. — Findelkinder: § 24.

[2]) Volle sieben Tage, den Tag der Geburt nicht mitgerechnet: § 188 Abs. 2 BGB. Ausnahme: § 18 Nr. 5.

[3]) Ausnahme: §§ 61 ff. — Die Zuständigkeit dieses Standesbeamten ist auch für die Anzeige der Geburtsfälle auf Binnenschiffen begründet. Verf. d. Min. d. Inn. v. 16. Januar 1902 (BMBl. S. 27).

[4]) Verpflichtete Personen: §§ 18, 20. — Form: § 19. — Inhalt der Anzeige: § 22. — Verspätete Anzeige: §§ 27, 81. — Strafbestimmung: § 68. — Bescheinigung zum Zwecke der Taufe: vgl. Tarif I.

[5]) Zu vgl. überhaupt U. d. RG. v. 29. Oktober 1900 (Entsch. in Strafs. 33 S. 435).

Verpflichtung zur Anzeige.

§ 18. Zur Anzeige sind verpflichtet[1]:

1. der eheliche Vater[2];
2. die bei der Niederkunft zugegen gewesene[3] Hebamme;
3. der dabei zugegen gewesene[3] Arzt;
4. jede andere dabei zugegen gewesene[3] Person;
5. die Mutter, sobald sie dazu imstande ist[4].

Jedoch tritt die Verpflichtung der in der vorstehenden Reihenfolge später genannten Personen nur dann ein, wenn ein früher genannter Verpflichteter nicht vorhanden oder derselbe an der Erstattung der Anzeige verhindert ist[5].

[1]) Vgl. §§ 20, 24.

[2]) Ohne Rücksicht darauf, ob er bei der Geburt zugegen war oder nicht.

[3]) Die Gegenwart des Anzeigenden bei der Niederkunft ist in der Urkunde festzustellen: Anm. zu Form. A 2; im Unterlassungsfall Berichtigungsverfahren (§§ 65, 66). Unwahre Angabe ist strafbar nach § 276 StGB. (Entsch. d. RG. in Straff. 4 S. 194, 33 S. 435 — Gegenwart der Hebamme bei der Geburt —).

[4]) Nicht innerhalb der Frist des § 17.

[5]) Die Pflicht des zunächst zur Anzeige Verpflichteten erlischt durch die Anzeige eines anderen Verpflichteten: § 68 Abs. 1 Satz 2. — Ablehnung der Eintragung der Anzeige, weil ein eher zur Anzeige Verpflichteter vorhanden sei, ist unstatthaft.

Mündliche Anzeige.

§ 19. Die Anzeige ist mündlich[1] von dem Verpflichteten selbst oder durch eine andere aus eigener Wissenschaft[2] unterrichtete Person zu machen[3].

[1]) Ausnahmen: §§ 20, 24, 58, 62.

[2]) Die Gegenwart bei der Geburt ist nicht erforderlich.

[3]) Die Grundsätze in Anm. 3 und 5 zu § 18 finden Anwendung — vgl. Anm. zu Form. A 3 —.

Schriftliche Anzeige.

§ 20. Bei Geburten, welche sich in öffentlichen Entbindungs-, Hebammen-, Kranken-, Gefangen- und ähnlichen Anstalten[1], sowie in Kasernen ereignen, trifft die Verpflichtung zur Anzeige ausschließlich den Vorsteher der Anstalt oder den von der zuständigen Behörde ermächtigten Beamten. Es genügt eine schriftliche Anzeige in amtlicher Form[2 3 4].

[1]) Das sind nach dem Min.-Erlaß v. 20. Januar 1875 (BMBl. S. 34): Anstalten des Staates, der Provinzial-, Kreis- usw. Verbände, der politischen Gemeinden, der kirchlichen Korporationen und alle Anstalten mit juristischer Persönlichkeit und mit einem zur Vertretung der Anstalt nach außen berechtigten Vorstande. — Anzeige der Geburten a) in Gefängnissen der Justizverwaltung: § 86 der Gefängnisordnung v. 21. Dezember 1898, — b) in den dem Minister des Innern unterstellten Strafanstalten und Gefängnissen: Erlaß v. 3. Nov. 1892 (BMBl. S. 351).

[2]) Über die Art der Eintragung vgl. §§ 12, 13 BRB. (B I) und Formular A 4.

[3]) Die schriftlichen Anzeigen sind in die Sammelakten aufzunehmen: § 22 Abs. 2 BRB. (B I).

[4]) Registerauszüge: § 13 Abs. 4 BRB. (B I).

Richtigkeit der Anzeige.

§ 21. Der Standesbeamte ist verpflichtet, sich von der Richtigkeit der Anzeige (§§ 17—20), wenn er dieselbe zu bezweifeln Anlaß hat, in geeigneter Weise Überzeugung zu verschaffen[1 2].

[1]) Zwangsbefugnis: § 68 Abs. 3. — Ersuchen anderer Standesbeamten und von Gemeinde- und Ortspolizeibehörden:

§ 26 BRV. (B I). — Abnahme eidesstattlicher Versicherung nur ausnahmsweise im Falle des § 45 Abs. 4 zulässig.

[2]) Die Verhandlungen sind in die Sammelakten aufzunehmen: § 22 Abs. 2 BRV. (B I).

Eintragung.

§ 22. Die Eintragung des Geburtsfalles soll enthalten[1]:

1. Vor- und Familiennamen[2], Stand[3] oder Gewerbe und Wohnort des Anzeigenden;
2. Ort, Tag und Stunde der Geburt[4];
3. Geschlecht des Kindes[5];
4. Vornamen des Kindes[6];
5. Vor- und Familiennamen[2], Religion[7], Stand[3] oder Gewerbe und Wohnort[8] der Eltern[9].

Bei Zwillings- oder Mehrgeburten ist die Eintragung für jedes Kind besonders und so genau zu bewirken, daß die Zeitfolge der verschiedenen Geburten ersichtlich ist.

Standen die Vornamen des Kindes zur Zeit der Anzeige noch nicht fest, so sind dieselben nachträglich und längstens binnen zwei Monaten[10] nach der Geburt anzuzeigen[11]. Ihre Eintragung erfolgt am Rande der ersten Eintragung[12].

[1]) a) Zu vgl. § 13 Abs. 2 u. 3 sowie Form. A 1—4 nebst Anm.

b) Über den Hinweis auf die kirchliche Verpflichtung zur Taufe vgl. Zus. zu § 82. Über die Eintragung der Geburt ist zum Zwecke der Taufe eine gebührenfreie Bescheinigung zu erteilen: I des Gebührentarifs.

[2]) Zu vgl. §§ 1355, 1577, 1616, 1706, 1758 BGB. — Vornamen: vgl. Anm. 6.

[3]) d. i. Beruf, Stellung im bürgerlichen Leben, nicht: Familienstand (ob ledig oder verheiratet, verwitwet, geschieden usw.) — vgl U. d. RG. v. 21. Mai 1887 (Entsch. in Straff. Bd. 16 S. 87) und Beschl. d. Kammergerichts v. 17. Dezember 1900. (Jahrb. Bd. 21 S. 49.) —

[4]) Tag, Tageszeit und Stunde (bis auf die Viertelstunde), die Tageszeit durch Vormittags (12 Nachts bis 12 Mittags) und Nachmittags (12 Mittags bis 12 Nachts), die Mittagsstunde durch die Worte „mittags zwölf Uhr", die Mitternachtsstunde durch die Worte „in der Nacht vom . . . auf . . . um zwölf Uhr".

[5]) durch die Worte: „ein Knabe", „ein Mädchen".

[6]) Vgl. Abs. 3. — Gegen die Ablehnung der Eintragung eines Vornamens Beschwerde nach § 11. — Unzulässig sind unanständige und anstößige Vornamen, nicht aber abgekürzte (z. B. Toni, Grete, Fritz, Kurt), sofern sie sich als wirkliche und selbständige Rufnamen herausgebildet haben. Über die Rechtschreibung der Vornamen vgl. Anm. 7 zu § 13. Durch Verf. d. Min. d. Inn. vom 11. August 1910 (BMBl. S. 247) wird auf das von dem Allgem. Deutschen Sprachverein aufgestellte und in seiner Vorlage — F. Bergholdd Berlin — erschienene Verzeichnis der in Deutschland gebräuchlichen Vornamen aufmerksam gemacht und das Verzeichnis als Grundlage für die Praxis empfohlen.

[7]) Nachdem von Mitgliedern verschiedener, namentlich solcher Religionsgemeinschaften, welche weder zu den öffentlich aufgenommenen noch zu den staatlich anerkannten Religionsgemeinschaften gehören, Einwendungen dagegen erhoben worden sind, daß bei Eintragungen in die Standesregister die Zugehörigkeit zu der betreffenden Gemeinschaft mit dem allgemeinen Begriffe „Dissidenten" bezeichnet wird, hat der Min. d. Inn. durch Verf. v. 22. August 1907 (BMBl. S. 253) bestimmt, daß in Fällen der angegebenen Art auf etwaigen besonderen Antrag des Anmeldenden in den Registern unter der Rubrik „Religion" diejenige Religions=

gemeinschaft einzutragen ist, die der Anmeldende für sich oder die Person, um deren Religion es sich handelt, bezeichnet (z. B. „deutschkatholisch-freireligiös", „apostolische Religion").

[8]) Vgl. §§ 7—11 BGB.

[9]) a) In den Geburtsurkunden des von Witwen und geschiedenen Ehefrauen geborenen Kindes ist der Todestag des Ehemannes bzw. der Tag der Rechtskraft des Scheidungsurteils anzugeben und zwar:

1. bei Vorlegung urkundlicher Nachweise (Sterbeurkunde des Ehemannes, Scheidungsurteil mit gerichtlicher Rechtskraftbescheinigung) ohne weiteren Zusatz;
2. beim Mangel solcher Urkunden aber unter Hinzufügung des Wortes „angeblich". Runderlaß v. 21. Mai 1897 (BMBl. S. 104). — Sind bei der Eintragung der Geburt des ehelichen Kindes einer Witwe der Name und der Todestag des verstorbenen Mannes oder auch nur der Todestag nicht angegeben, so ist die entsprechende nachträgliche Beischreibung vom Gericht im Berichtigungsverfahren (vgl. § 65) anzuordnen. Beschl. d. KG. v. 5. Mai 1902 (Jahrb. 24, 171).

b) Über die mit ki oder ky endigenden Familiennamen und die Umwandlung dieser Schlußsilbe in ka bei Frauen und Töchtern ist die Verf. d. Min. d. Inn. v. 8. April 1903 und der dieser Verfügung beigefügte Erlaß vom 9. September 1898 (BMBl. 1903 S. 91) zu vergleichen.

[10]) Fristversäumnis macht strafbar (§ 68); die Eintragung erfolgt aber auch nach Ablauf der Frist ohne Berichtigungsverfahren (§§ 65, 66) — vgl. Anm. 1 a) zu § 65. —

[11]) Form: §§ 19, 20 (nicht überhaupt schriftliche Anzeige zulässig).

[12]) Und zwar auf die Anzeige hin, ohne daß es des Berichtigungsverfahrens (§§ 65, 66) bedarf — vgl. Anm. 1 a) zu § 65. — Über das Verzeichnis der Geburtsfälle, in

denen die Anzeige der Vornamen noch aussteht, vgl. § 23 Nr. 2 BRV. (B I).

Beurkundung von Totgeburten.

§ 23. Wenn ein Kind tot geboren oder in der Geburt verstorben ist[1], so muß die Anzeige spätestens am nächstfolgenden Wochentage*[2] geschehen. Die Eintragung ist alsdann mit dem im § 22 unter Nr. 1 bis 3 und 5 angegebenen Inhalte nur im Sterberegister zu machen[3].

[1]) Vgl. § 17 Anm 1.

[2]) Auch wenn dieser ein Feiertag ist, nur am Sonntag ruht die Anzeigepflicht.

[3]) Zu vgl. § 13 BRV. und Form. C 3. — Registerauszüge: § 13 Abs. 4 BRV. (B 1).

---

*) Durch dieses Wort ist das Wort „Tage" in dem Personenstandsgesetze durch das Gesetz vom 14. April 1905 ersetzt. Der Min. d. Inn. hat durch Erlaß vom 4. August 1905 (BMBl. S. 131) die Bestimmung getroffen, daß nach Maßgabe des Gesetzes vom 14. April 1905 eine Verpflichtung des Standesbeamten zur Abhaltung von Geschäftsstunden an Sonntagen nicht mehr besteht. — Wenn indessen die Standesbeamten auf dem Lande, wo zur Erreichung des Standesamts häufig weitere Wege zurückzulegen sind, den beteiligten Personen nach wie vor Gelegenheit bieten, zu den auf dem Standesamte zu erledigenden Geschäften, insbesondere in eilbedürftigen Angelegenheiten auch die Sonntage zu benutzen, so ist dagegen nicht nur nichts einzuwenden, sondern es würde ein solches Verfahren ganz im Sinne des Gesetzgebers liegen, das mit der neuen Vorschrift die Standesbeamten lediglich der Verpflichtung entheben wollte, am Sonntage allein zur Entgegennahme der Anzeigen von Totgeburten Amtsstunden abzuhalten.

Beurkundung bei Auffindung neugeborener Kinder.

§ 24. Wer ein neugeborenes[1] Kind findet, ist verpflichtet, hiervon spätestens am nächstfolgenden Tage[2] Anzeige bei der Ortspolizeibehörde[3] zu machen. Die Letztere hat die erforderlichen Ermittelungen vorzunehmen und dem Standesbeamten des Bezirks von deren Ergebnis behufs Eintragung in das Geburtsregister Anzeige zu machen[4].

Die Eintragung soll enthalten die Zeit, den Ort und die Umstände des Auffindens, die Beschaffenheit und die Kennzeichen der bei dem Kinde vorgefundenen Kleider und sonstigen Gegenstände, die körperlichen Merkmale des Kindes, sein vermutliches Alter, sein Geschlecht, die Behörde, Anstalt oder Person, bei welcher das Kind untergebracht worden, und die Namen[5], welche ihm beigelegt werden[6].

[1]) Unzulässig ist die Eintragung eines Kindesfundes, wenn das Kind zur Zeit der Auffindung bereits zwei Jahre alt ist. Die Bestimmung in Abs. 2 (Namenbeilegung) dient nicht dazu, um die Beilegung eines Namens an ein Kind zu ermöglichen, sondern ist nur erlassen, um späterhin die Feststellung der Identität des Kindes zu ermöglichen. Beschl. d. OLG. Rostock v. 23. Februar 1910 (RJ. 10, 109) — Die Praxis dagegen erweitert das Anwendungsgebiet dahin, daß eine Eintragung von Kindern in allen Fällen zu geschehen habe, in denen die Fixierung des zur Feststellung der Personenidentität und zur künftigen Ermittelung der Herkunft dienenden Momente erforderlich ist.

[2]) auch wenn dieser ein Sonn- oder Feiertag ist.

[3]) nicht beim Standesamt. — [4]) schriftlich genügt: § 20.

[5]) Wer dem Findling den Namen zu geben hat, ist streitig: a) nach der am meisten vertretenen Ansicht die Ortspolizeibehörde; b) nach anderer der (gemäß §§ 1773 Abs. 2,

1793 BGB.) zu bestellende Vormund (letzterenfalls würde § 22 Abs. 3 analog anzuwenden sein); c) nach der Bestimmung in den Ausführungsverordnungen mehrerer Bundesstaaten das Vormundschaftsgericht.

[6]) Zu vgl. §§ 12, 13, 22 BRB. (B I) und Form. A 4 und C 4.

Anerkennung unehelicher Kinder.

§ 25. Die Anerkennung eines unehelichen Kindes[1] darf in das Geburtsregister nur dann eingetragen werden, wenn dieselbe vor dem Standesbeamten oder in einer gerichtlich oder notariell aufgenommenen Urkunde[2] erklärt ist[3 4].

[1]) Zu vgl. §§ 1717, 1718, 1720 BGB.

[2]) Vgl. §§ 167 FGG. — Gerichtliches Urteil auf Vaterschaft ist keine Urkunde im Sinne dieser Bestimmung. Beschl. d. KG. v. 20. April 1903 (Jahrb. 26, 39).

[3]) Zu vgl. §§ 14—16 BRB. (B I) und der zusätzlich dazu mitgeteilte Min.-Erlaß v. 18. Oktober 1899 (I) sowie Allg. Verf. v. 16. Januar 1899 (II). — Über die an das Amtsgericht zu erstattende Anzeige vgl. B III 2 b.

[4]) Die Eintragung erfolgt ohne das gerichtliche Berichtigungsverfahren: Anm. 1 a zu § 65.

Nachträgliche Feststellung und Abänderung der Standesrechte.

§ 26. Wenn die Feststellung der Abstammung eines Kindes erst nach Eintragung des Geburtsfalles erfolgt[1] oder die Standesrechte durch Legitimation[2], Annahme an Kindesstatt[3] oder in anderer Weise[4] eine Veränderung erleiden, so ist dieser Vorgang, sofern er durch öffentliche Urkunden[5] nachgewiesen wird, auf Antrag eines Beteiligten am Rande der über den Geburtsfall vorgenommenen Eintragung zu vermerken[6 7].

[1]) Durch Urteil: vgl. §§ 640 ff. ZPO., §§ 1596, 1699 ff. BGB.

[2]) Legitimation durch nachfolgende Ehe und Ehelichkeitserklärung §§ 1719 ff. BGB. Zu vgl. §§ 14—16 BRV. (B I).

[3]) §§ 1741 ff. BGB. Zu vgl. Verf. d. Min. d. Inn. vom 15. Januar 1908 und Beschl. d. KG. vom 21. November 1907 (BMBl. S. 30), wonach der Standesbeamte befugt ist, einen Kindesannahmevertrag zu prüfen, ob er nur zum Scheine, nur zum Zwecke der Namensgebung geschlossen ist; lehnt er aus diesem Grunde die Eintragung eines Vermerks ab, so hat das nach § 11 angerufene Amtsgericht oder das Landgericht als Beschwerdegericht nach § 12 FGG. von Amtswegen in Ermittelungen über die materielle Gültigkeit des Kindesannahmevertrages einzutreten.

[4]) Namensänderung insbes. Zu vgl. darüber:

a) α. § 1706 BGB. (Erteilung des Namens des Ehemannes der Mutter eines unehelichen Kindes an dieses), — β. § 1577 BGB. (Wiederannahme des früheren Namens durch eine geschiedene Frau): über diese Fälle vgl. B IV.

b) Im übrigen erfordern Namensänderungen staatliche Genehmigung, die durch den Regierungspräsidenten erteilt wird (Kab.-Order v. 15. April 1822 — GS. S. 108, Allerh. Erlaß v. 12. Juli 1867 — GS. S. 1310 —); wegen des Verfahrens vgl. Rundverf. v. 9. August 1867 (BMBl. S. 246). — Im Anschlusse an die Genehmigung von Namensänderungen ist den beteiligten Standesämtern wegen Berichtigung bzw. Ergänzung der Geburtsregister von der erfolgten Namensänderung Kenntnis zu geben. Da aber Zweifel entstanden sind, ob die Standesbeamten allein auf das Ersuchen der die Namensänderung genehmigenden Behörde stets zur Vornahme der Eintragung des Vermerks am Rande der Geburtsurkunde (gemäß § 26 Pers.-Ges.) bereit sein werden, weil für die Eintragung eines solchen Vermerks der Antrag eines Beteiligten die Voraussetzung bildet, so soll vor Erteilung der Genehmigung zur Namensänderung ein Antrag der Beteiligten auf Beischreibung eines Vermerks in die Standesamtsregister eingefordert werden und dieser Antrag den in Betracht kommenden Standesämtern mit der Benachrichtigung über die Namensänderung zugesandt werden (Erlaß vom 23. August 1900, Verf. v. 16. Januar 1901 — BMBl. S. 72 —). — Dieselben Grundsätze gelten für die Änderung von Vornamen: Verf. v. 15. August 1898 (BMBl. S. 191). — Jede willkürliche Änderung des Familiennamens, auch die Änderung in der Schreibweise (z. B. Szulc statt Schulz) ist strafbar. Beschl. d. KG. v. 12. April 1900 (Jahrb. 20 C 100).

[5]) Auch ein in öffentlicher Form (vor Gericht oder Notar) errichtetes Testament, in dem ein uneheliches Kind von dem Vater anerkannt wird, ist eine öffentliche Urkunde im Sinne des § 26. Beschl. d. Obersten Landesgerichts München v. 26. Juni 1902 (RJ. 3, 115).

[6]) Ohne das gerichtliche Berichtigungsverfahren: Anm. 1 a zu § 65.

[7]) Der Umstand, daß die von den Standesbeamten auf Grund des § 26 im Standesregister gemachten Eintragungen vielfach nicht zum Vermerk in die Kirchenbücher gelangen, hat erfahrungsgemäß dazu geführt, daß nicht selten ein und dieselbe Person über mehrere auf verschiedene Namen lautende Atteste verfügt und dadurch die Feststellung ihres Personenstandes im öffentlichen Verkehr erschwert wird. Zur Beseitigung dieses Mißstandes hat der Min. d. Inn. durch Verf. v. 22. Februar 1908 (BMBl. S. 51) bestimmt, daß die Standesbeamten künftig über jeden von ihnen gemäß § 26 zu beurkundenden Vorgang alsbald nach der Eintragung des vorgeschriebenen Randvermerkes dem betreffenden Kirchenbuchführer eine entsprechende Mitteilung kostenfrei zugehen lassen. Die Mitteilungen sind an den Pfarrer der Kirchengemeinde des Geburtsorts und falls der Standesbeamte über die Zuständigkeit des Pfarramts im Zweifel ist, an den für

den Geburtsort zuständigen Superintendenten bzw. das Konsistorium oder an den Erzpriester bzw. Bischof zu richten.

Verspätete Anzeige.

§ 27. Wenn die Anzeige eines Geburtsfalles über drei Monate verzögert wird, so darf die Eintragung nur mit Genehmigung der Aufsichtsbehörde[1] nach Ermittelung des Sachverhalts erfolgen[2].

Die Kosten dieser Ermittelung sind von demjenigen einzuziehen, welcher die rechtzeitige Anzeige versäumt hat.

[1]) Vgl. § 11 Anm. 1. — Die Genehmigung ist in der Urkunde zu vermerken (vgl. Form. A 3) und in die Sammelakten aufzunehmen (§ 22 BRB.).

[2]) Kein Berichtigungsverfahren: Anm. 1c zu § 65.

Dritter Abschnitt.

Erfordernisse der Eheschließung.

Der ganze dritte Abschnitt (§§ 28 bis 40) ist durch Art. 46 Ziff. I EG.BGB. aufgehoben. An dessen Stelle sind getreten die Bestimmungen des vierten Buches ersten Abschnitts zweiter Titel §§ 1303 bis 1315 und 1322 BGB., die hier folgen:

Ehemündigkeit.

BGB. § 1303. Ein Mann darf nicht vor dem Eintritte der Volljährigkeit[1], eine Frau darf nicht vor der Vollendung des sechzehnten Lebensjahrs eine Ehe eingehen.

Einer Frau[2] kann Befreiung von dieser Vorschrift bewilligt werden[3].

[1]) die mit der Vollendung des 21. Lebensjahrs eintritt: § 2 BGB. Volljährigkeit und die ihr gleichstehende Voll-

jährigkeitserklärung (§ 3 Abs. 2 BGB.) machen ehemündig.

[2]) Nicht einem Manne, der nur durch Volljährigkeitserklärung ehemündig werden kann.

[3]) Zuständigkeit für die Bewilligung: § 1322 BGB. (hinter § 1315 BGB. — S. 86 nebst Anm. —).

Beschränkte Geschäftsfähigkeit.

BGB. § 1304. Wer in der Geschäftsfähigkeit beschränkt ist[1], bedarf zur Eingehung einer Ehe der Einwilligung seines gesetzlichen Vertreters[2].

Ist der gesetzliche Vertreter ein Vormund[3] so kann die Einwilligung, wenn sie von ihm verweigert wird, auf Antrag des Mündels[4] durch das Vormundschaftsgericht ersetzt werden[5 6]. Das Vormundschaftsgericht hat die Einwilligung zu ersetzen, wenn die Eingehung der Ehe im Interesse des Mündels liegt.

[1]) a) Minderjährige Mädchen (§§ 106, 1303 BGB.), b) wegen Geistesschwäche (nicht Geisteskrankheit), Verschwendung oder Trunksucht Entmündigte, sowie Personen, die unter vorläufiger Vormundschaft (§ 1906 BGB.) stehen (§ 114 BGB.).

[2]) Vater oder Mutter (nicht die uneheliche), Vormund, Pfleger. — Einwilligung des Vaters oder der Mutter neben der eines etwaigen Vormundes oder Pflegers: § 1305 BGB. Der Vormund bedarf zur Erteilung der Einwilligung nicht der Genehmigung des Vormundschaftsgerichts.

[3]) Oder Pfleger (§ 1915 BGB.). Zur Eheschließung zwischen Vormund und Mündel oder zwischen einem Verwandten des Vormundes in gerader Linie und dem Mündel, die nicht (wie nach § 37 PStG.) unzulässig ist, bedarf es der Einwilligung eines (zu bestellenden) Pflegers (§§ 1799 Nr. 1, 1909 BGB.).

[4]) Der allein antragsberechtigt ist.

[5]) Vor der Entscheidung soll das Vormundschaftsgericht auch ohne Antrag Verwandte oder Verschwägerte des Mündels hören (§ 1847 BGB.).

[6]) Die Einwilligung des Vaters (der Mutter) kann nicht ersetzt werden: § 1308 BGB.

Einwilligung der Eltern.

BGB. § 1305. Ein eheliches Kind bedarf bis zur Vollendung des einundzwanzigsten Lebensjahrs[1] zur Eingehung einer Ehe der Einwilligung des Vaters, ein uneheliches Kind bedarf bis zum gleichen Lebensalter der Einwilligung der Mutter[2]. An die Stelle des Vaters tritt die Mutter, wenn der Vater gestorben ist oder wenn ihm die sich aus der Vaterschaft ergebenden Rechte nach § 1701 nicht zustehen[3]. Ein für ehelich erklärtes Kind bedarf der Einwilligung der Mutter auch dann nicht, wenn der Vater gestorben ist.

Dem Tode des Vaters oder der Mutter steht es gleich, wenn sie zur Abgabe einer Erklärung dauernd außerstande sind oder wenn ihr Aufenthalt dauernd unbekannt ist[4].

[1]) Nicht bis zur Volljährigkeit; die Volljährigkeitserklärung beseitigt das Erfordernis der Einwilligung nicht — vgl. Anm. 2 zu § 1304 BGB.

[2]) Und wenn dieser nicht die gesetzliche Vertretung zusteht, auch des Vormundes nach § 1304 BGB.

[3]) Weil die Ehe an einem Nichtigkeitsgrunde leidet, den der Vater bei der Eheschließung kannte.

[4]) Die Entscheidung steht dem Standesbeamten nach freiem Ermessen zu, wogegen die Beschwerde gemäß § 11 zulässig ist.

Einwilligung bei angenommenen Kindern.

BGB. § 1306. Einem an Kindes Statt angenommenen Kinde[1] gegenüber steht die Einwilligung zur Eingehung einer Ehe an Stelle der leiblichen Eltern[2] demjenigen zu, welcher das Kind angenommen hat[3]. Hat ein Ehepaar das Kind gemeinschaftlich oder hat ein Ehegatte das Kind des anderen Ehegatten angenommen, so finden die Vorschriften des § 1305 Abs. 1 Satz 1, 2, Abs. 2 Anwendung[4].

Die leiblichen Eltern erlangen das Recht zur Einwilligung auch dann nicht wieder, wenn das durch die Annahme an Kindes Statt begründete Rechtsverhältnis aufgehoben wird.

[1]) §§ 1741 ff. BGB. — [2]) Im Falle des § 1305.

[3]) Durch die Annahme an Kindes Statt erhält das Kind die rechtliche Stellung eines ehelichen Kindes des Annehmenden (§ 1757 BGB.).

[4]) Weil das Kind als eheliches Kind beider Ehegatten gilt (§ 1749 BGB.).

Ausschließung der Vertretung in der Einwilligung.

BGB. § 1307. Die elterliche Einwilligung[1] kann nicht durch einen Vertreter erteilt werden[2]. Ist der Vater oder die Mutter in der Geschäftsfähigkeit beschränkt[3], so ist die Zustimmung des gesetzlichen Vertreters nicht erforderlich[4].

[1]) §§ 1305, 1306 BGB.

[2]) D. h. die Vertretung im Willen ist unzulässig; die Abgabe der Einwilligungserklärung durch die Vermittelung eines andern ist nicht ausgeschlossen.

[3]) Vgl. Anm. 1b zu § 1304.

[4]) Sie gelten hinsichtlich der Einwilligung zur Eheschließung als voll geschäftsfähig.

Ersetzung der Einwilligung.

BGB. § 1308. Wird die elterliche Einwilligung[1] einem volljährigen[2] Kinde verweigert, so kann sie auf dessen Antrag[3] durch das Vormundschaftsgericht[4] ersetzt werden. Das Vormundschaftsgericht hat die Einwilligung zu ersetzen, wenn sie ohne wichtigen Grund verweigert wird.

Vor der Entscheidung soll[5] das Vormundschaftsgericht Verwandte oder Verschwägerte des Kindes hören, wenn es ohne erhebliche Verzögerung und ohne unverhältnismäßige Kosten geschehen kann. Für den Ersatz der Auslagen gilt die Vorschrift des § 1847 Abs. 2.

[1]) §§ 1305, 1306 BGB. — [2]) Gegenüber der Bestimmung in § 1305 Abs. 1 BGB. (in welche durch Reichstagsbeschluß statt des 25. Lebensjahrs des Entwurfs das 21. Jahr gesetzt wurde) kann die Vorschrift nur für ein für volljährig erklärtes Kind in Betracht kommen. Ein minderjähriges Kind hat kein Mittel, die elterliche Einwilligung zu ersetzen — vgl. § 1304 Abs. 2 BGB.

[3]) Nicht auf Antrag des anderen Verlobten.

[4]) Nicht mehr (wie früher) durch das Prozeßgericht mittels Urteils auf erhobene Klage, sondern durch das Vormundschaftsgericht (Amtsgericht) in den Formen der freiwilligen Gerichtsbarkeit (Beschlußverfahren).

[5]) Ordnungsvorschrift: Unterlassung begründet keine Nichtigkeit.

Verbot der Doppelehe.

BGB. § 1309. Niemand darf eine Ehe eingehen, bevor seine frühere Ehe aufgelöst[1] oder für nichtig erklärt[2] worden ist. Wollen Ehegatten die Eheschließung wiederholen, so ist die vorgängige Nichtigkeitserklärung nicht erforderlich.

Wird gegen ein Urteil, durch das die frühere Ehe aufgelöst oder für nichtig erklärt worden ist, die Nichtigkeitsklage oder die Restitutionsklage[3] erhoben, so dürfen die Ehegatten nicht vor der Erledigung des Rechtsstreits eine neue Ehe eingehen, es sei denn, daß die Klage erst nach dem Ablaufe der vorgeschriebenen[4] fünfjährigen Frist erhoben worden ist.

[1]) Durch Tod, Scheidung (§ 1564 BGB., nicht: Aufhebung der ehelichen Gemeinschaft — §§ 1575, 1580 BGB.) oder Wiederverheiratung des Ehegatten eines für tot Erklärten (§ 1348 BGB.). Zu vgl. § 55 PStG.

[2]) §§ 1323 bis 1343 BGB. Zu vgl. § 55 PStG.

[3]) §§ 578ff. ZPO. — [4]) § 586 Abs. 2 ZPO.

Ehehindernis der Verwandtschaft und Schwägerschaft.

BGB. § 1310. Eine Ehe[1] darf nicht geschlossen werden zwischen Verwandten in gerader Linie[2], zwischen vollbürtigen oder halbbürtigen Geschwistern[3] sowie zwischen Verschwägerten in gerader Linie[4].

Eine Ehe[5] darf nicht geschlossen werden zwischen Personen, von denen die eine mit Eltern, Voreltern oder Abkömmlingen der anderen Geschlechtsgemeinschaft gepflogen hat.

Verwandtschaft im Sinne dieser Vorschriften besteht auch zwischen einem unehelichen Kinde und dessen Abkömmlingen einerseits und dem Vater und dessen Verwandten andererseits[6].

[1]) Abs. 1: Trennendes Ehehindernis (die gegen das Verbot geschlossene Ehe ist nichtig) — § 1327 BGB. —

[2]) § 1589 Satz 1 BGB. — [3]) § 1589 Satz 2 BGB.

[4]) § 1590 BGB. Schwiegereltern und Schwiegerkinder, Stiefeltern und Stiefkinder.

[5]) Abs. 2: Aufschiebendes Ehehindernis (die trotz des Ehehindernisses geschlossene Ehe ist gültig).

[6]) Auch wenn die Vaterschaft nicht anerkannt ist.

Ehehindernis der Adoptivverwandtschaft.

BGB. § 1311. Wer einen anderen an Kindes Statt angenommen hat[1], darf mit ihm oder dessen Abkömmlingen eine Ehe nicht eingehen, solange das durch die Annahme begründete Rechtsverhältnis besteht[2].

[1]) §§ 1341 ff. BGB. — [2]) Eine diesem Verbote entgegen geschlossene Ehe ist gültig; die Folge ist die Aufhebung des durch die Annahme begründeten Rechtsverhältnisses (§ 1771 BGB.).

Ehehindernis des Ehebruchs.

BGB. § 1312. Eine Ehe[1] darf nicht geschlossen werden zwischen einem wegen Ehebruchs geschiedenen Ehegatten und demjenigen, mit welchem der geschiedene Ehegatte den Ehebruch begangen hat, wenn dieser Ehebruch in dem Scheidungsurteil[2] als Grund der Scheidung festgestellt ist[3].

Von dieser Vorschrift kann Befreiung bewilligt werden[4].

[1]) Trennendes Ehehindernis (die trotz des Hindernisses geschlossene Ehe ist nichtig, jedoch ist Heilung der Nichtigkeit durch nachträgliche Befreiung möglich — § 1321 BGB.).

[2]) in der Urteilsformel oder in den Entscheidungsgründen.

[3]) Vgl. § 624 ZPO.

[4]) Zuständigkeit für die Bewilligung: § 1322 BGB. (hinter § 1315 — S. 86).

Wartezeit der Frau.

BGB. § 1313. Eine Frau[1] darf erst zehn Monate nach der Auflösung oder Nichtigkeitserklärung ihrer früheren Ehe eine neue Ehe eingehen, es sei denn, daß sie inzwischen geboren hat.

Von dieser Vorschrift kann Befreiung bewilligt werden[2].

[1]) Aufschiebendes Ehehindernis.

[2]) Zuständigkeit für die Bewilligung: § 1322 BGB. (hinter § 1315 — S. 86).

Sicherstellung des Kindes aus früherer Ehe.

BGB. § 1314. Wer[1] ein eheliches[2] Kind hat[3], das minderjährig ist[4] oder unter seiner Vormundschaft[5] steht, darf eine Ehe erst eingehen, nachdem ihm das Vormundschaftsgericht ein Zeugnis darüber erteilt hat, daß er die im § 1669 bezeichneten Verpflichtungen[6] erfüllt hat oder daß sie ihm nicht obliegen.

Ist[1] im Falle der fortgesetzten Gütergemeinschaft ein anteilsberechtigter Abkömmling minderjährig oder bevormundet, so darf der überlebende Ehegatte eine Ehe erst eingehen, nachdem ihm das Vormundschaftsgericht ein Zeugnis darüber erteilt hat, daß er die im § 1493 Abs. 2 bezeichneten Verpflichtungen[7] erfüllt hat oder daß sie ihm nicht obliegen.

[1]) Aufschiebendes Ehehindernis (der Standesbeamte muß das Zeugnis verlangen). — Von Ausländern, die im Inlande eine neue Ehe eingehen wollen, darf ein solcher Auseinandersetzungsschein nicht gefordert werden; der Ausländer muß entweder ein Ehefähigkeitsattest seiner Heimatsbehörde vorlegen oder die ministerielle Befreiung hiervon beibringen (Art. 43 §§ 1, 4 AG.BGB. — Zus. zu § 1315 BGB.), wodurch dem Standesbeamten nachgewiesen wird, daß in der Person des ausländischen Verlobten alle von dem bürgerlichen Rechte seiner Heimat erforderten Voraus-

setzungen für die Eheschließung vorhanden sind. Verf. d. Min. d. Inn. v. 27. November 1908 (BMBl. S. 201).

[2]) oder legitimiertes, für ehelich erklärtes oder angenommenes (§§ 1719, 1736, 1757 BGB.).

[3]) Vater oder Mutter (§ 1686 BGB.).

[4]) und unter seiner elterlichen Gewalt steht.

[5]) oder Pflegschaft (§ 1915 BGB.).

[6]) Anzeige der Absicht der Wiederverheiratung, Einreichung eines Verzeichnisses des seiner Verwaltung unterliegenden Vermögens des Kindes und Herbeiführung der Auseinandersetzung hinsichtlich des gemeinsamen Vermögens, welche Auseinandersetzung selbst aber auch nach der Eheschließung erfolgen kann.

[7]) Anzeige der Absicht der Wiederverheiratung, Einreichung eines Verzeichnisses des Gesamtguts der fortgesetzten Gütergemeinschaft sowie Aufhebung der Gütergemeinschaft und Auseinandersetzung hinsichtlich des Gesamtguts; die Aufhebung kann bis zur Eheschließung unterbleiben, die Auseinandersetzung erst nach der Eheschließung erfolgen.

Militärpersonen und Beamte. Ausländer.

BGB. § 1315. Militärpersonen[1] [2] und solche Landesbeamte, für die nach den Landesgesetzen zur Eingehung einer Ehe eine besondere Erlaubnis erforderlich ist[3], dürfen nicht ohne die vorgeschriebene Erlaubnis eine Ehe eingehen.

Ausländer, für die nach den Landesgesetzen zur Eingehung einer Ehe eine Erlaubnis oder ein Zeugnis erforderlich ist, dürfen nicht ohne diese Erlaubnis oder ohne dieses Zeugnis eine Ehe eingehen[4].

[1]) Aufschiebendes Ehehindernis. Strafbarkeit des Standesbeamten, der ohne Vorlegung der Erlaubnis oder des Zeugnisses die Eheschließung beurkundet: § 69.

[3]) §§ 38, 40, 60 Nr. 4, 61 des Reichs-Militärgesetzes vom 2. Mai 1874 (RGBl. S. 45): Militärpersonen des Friedensstandes und die vorläufig in die Heimat beurlaubten Rekruten und Freiwilligen bedürfen zur Eingehung der Ehe der Genehmigung ihrer Vorgesetzten.

Zu den Militärpersonen des Friedensstandes gehören (Anlage zu § 38 des Reichsmilitärgesetzes): a) die Offiziere, Aerzte und Militärbeamten des Friedensstandes vom Tage ihrer Einstellung bis zum Zeitpunkt ihrer Entlassung aus dem Dienste; b) die Kapitulanten vom Beginn bis zum Ablauf oder bis zur Aufhebung der abgeschlossenen Kapitulation; c) die Freiwilligen und die ausgehobenen Rekruten von dem Tage, mit welchem ihre Verpflegung durch die Militärverwaltung beginnt, Einjährig-Freiwillige von dem Zeitpunkt ihrer definitiven Einstellung in einem Truppenteil an, sämtlich bis zum Ablauf des Tages ihrer Entlassung aus dem aktiven Dienst.

Wer ohne die erforderliche dienstliche Genehmigung sich verheiratet, wird bestraft (Festungshaft bis zu drei Monaten), auch kann auf Dienstentlassung erkannt werden (§ 150 Abs. 1 Militärstrafgesetzbuch v. 20. Juni 1872 — RGBl. S. 174 —).

[4]) Zu vgl. hierzu: a) Preuß. AG.BGB. Art. 43*).

---

*) Zu vgl. Art. 13 EG.BGB. und Haager Abkommen zur Regelung des Geltungsbereichs der Gesetze auf dem Gebiete der Eheschließung vom 12. Juni 1902 (RGBl. 1904 S. 221) — abgeschlossen zwischen dem Deutschen Reich, Oesterreich-Ungarn, Belgien, Spanien, Frankreich, Italien, Luxemburg, Niederlande, Portugal, Rumänien und Schweiz.

Art. 4. Die Ausländer müssen zum Zwecke ihrer Eheschließung nachweisen, daß sie den Bedingungen genügen, die nach dem im Artikel 1 bezeichneten Gesetz (des Heimatstaats) erforderlich sind.

Dieser Nachweis kann durch ein Zeugnis der diploma-

§ 1. Wollen Ausländer oder Ausländerinnen in Preußen eine Ehe eingehen, so haben sie ein Zeugnis der zuständigen Behörde des Staates, dem sie angehören, darüber beizubringen, daß der Behörde ein nach den Gesetzen dieses Staates bestehendes Ehehindernis nicht bekannt geworden ist.

§ 2. Ausländer haben außerdem ein Zeugnis der zuständigen Behörde des Staates, dem sie angehören, darüber beizubringen, daß sie nach den Gesetzen dieses Staates ihre Staatsangehörigkeit nicht durch die Eheschließung verlieren, sondern auf ihre Ehefrau und ihre ehelichen oder durch die nachfolgende Ehe legitimierten Kinder übertragen.

§ 3. Die nach den §§ 1, 2 erforderlichen Zeugnisse müssen von einem Konsul oder Gesandten des Reichs mit der Bescheinigung versehen sein, daß die das Zeugnis ausstellende Behörde für die Ausstellung zuständig ist.

Diese Vorschrift findet auf solche Zeugnisse keine Anwendung, welche nach den Bestimmungen der Staatsverträge über die Beglaubigung der von öffentlichen Behörden ausgestellten Urkunden keiner Beglaubigung bedürfen.

§ 4. Von der Vorschrift des § 1 kann der Justizminister im einzelnen Falle, von der Vorschrift des § 2 kann der Minister des Innern im einzelnen Falle oder für die Angehörigen eines ausländischen Staates im allgemeinen Befreiung bewilligen.

§ 5. Die für die Eheschließung von Ausländern bisher geltenden landesgesetzlichen Vorschriften werden aufgehoben.

§ 6. Will ein Angehöriger der rechtsrheinischen Gebietsteile des Königreichs Bayern in Preußen eine Ehe eingehen,

---

tischen oder konsularischen Vertreter des Staates, dem die Verlobten angehören, oder durch irgendein anderes Beweismittel geführt werden, je nachdem die Staatsverträge oder die Behörden des Landes, in welchem die Ehe geschlossen wird, den Nachweis als genügend anerkennen.

so hat er das nach den Vorschriften der bayrischen Gesetze erforderliche Verehelichungszeugnis beizubringen. — Vgl. b β.

b) Ausführungsbestimmungen hierzu:

α) **Runderlaß der Minister der Justiz und des Innern, betr. die Eheschließung von Ausländern in Preußen, vom 13. März 1903** (BMBl. S. 28) bzw. Verff. vom 17. Februar 1905 (BMBl. S. 39), 19. Oktober 1906 (BMBl. S. 335) und 26. August 1909 (BMBl. S. 194).

Auf Grund des Artikel 43 des Ausführungsgesetzes zum BGB. vom 20. September 1899 (GS. S. 177) bestimmen wir über die Eheschließung von Ausländern unter Aufhebung unseres gemeinschaftlichen Runderlasses vom 16. Oktober 1899 (Min.Bl. f. d. i. V. S. 188, 226) sowie meiner, des Ministers des Innern, Runderlasse vom 3. August 1900 (das. S. 245), 25. Februar 1901 (Ia 308), 19. Juni 1901 (Ia 1824) und 26. März 1902 (das. S. 67), was folgt:

I. Zu Artikel 43 § 1 a. a. O.

1. In den in der Anlage 1 aufgeführten Staaten sind die dort bezeichneten inneren Behörden für zuständig erklärt worden, rechtswirksame Zeugnisse über das Nichtbekanntsein von Ehehindernissen auszustellen.

Die Vorschrift des Artikel 43 § 3 a. a. O. bleibt unberührt. Legalisationsverträge im Sinne des § 3 Abs. 2 a. a. O. bestehen zurzeit mit Österreich-Ungarn (RGBl. 1881 S. 4, 253) und mit Belgien (Min.Bl. f. d. i. V. 1851 S. 280); für Zeugnisse, die von einer der in diesen Verträgen bezeichneten Behörden ausgestellt oder beglaubigt sind, darf daher die Zuständigkeitsbescheinigung eines Kaiserlichen Gesandten oder Konsuls nicht verlangt werden, dagegen bedürfen die Zeugnisse, insofern sie nicht von einer der vorerwähnten Behörden selbst ausgestellt sind, stets der Beglaubigung durch eine dieser Behörden.

2. Den Angehörigen der in der Anlage 1 aufgeführten Staaten werde ich, der Justizminister, die Befreiung von der Beibringung des Zeugnisses nur ausnahmsweise bewilligen,

wenn besondere Umstände, z. B. kriegerische Wirren in dem auswärtigen Staate oder langjähriger Aufenthalt des Gesuchstellers außerhalb seiner Heimat, der Ausstellung des Zeugnisses durch die zuständige Behörde des Heimatstaats entgegenstehen.

3. Die Angehörigen der in der Anlage 1 nicht aufgeführten Staaten können nur auf Grund einer von mir, dem Justizminister, im einzelnen Falle erteilten Befreiung zur Eheschließung zugelassen werden.

Dies gilt auch dann, wenn der ausländische Verlobte das Zeugnis eines Gesandten oder Konsuls seines Heimatstaats über das Nichtbekanntsein von Ehehindernissen vorlegt. Immerhin werden solche Zeugnisse, wie sie beispielsweise von den französischen Gesandten oder Konsuln ausgestellt werden, als Unterlage für die Bewilligung einer Befreiung regelmäßig von Wert sein.

4. Den Angehörigen Griechenlands und Rußlands wird die Befreiung in der Regel nur dann bewilligt werden, wenn sie die Bescheinigung eines Geistlichen (Rabbiners) vorlegen, daß er bereit sei, unmittelbar nach der standesamtlichen Eheschließung die kirchliche (rituelle) Trauung vorzunehmen; gehört der Gesuchsteller dem griechisch-orthodoxen Glauben an, so muß die Bescheinigung von einem Geistlichen dieser Kirche ausgestellt sein.

Insofern für die Angehörigen Bulgariens und Serbiens die Bewilligung der Befreiung gemäß Nr. 2 ausnahmsweise in Betracht kommt, finden die vorstehenden Bestimmungen entsprechende Anwendung.

II. Zu Artikel 43 § 2 a. a. O.

1. Von der Beibringung des Zeugnisses sind von mir, dem Minister des Innern, die Angehörigen der nachbenannten Staaten bis auf weiteres allgemein befreit:

Belgien,
Dänemark,
Frankreich,
Großbritannien,

Italien,
Luxemburg,
Niederlande,
Österreich-Ungarn,
Rumänien,
Schweden und Norwegen,
Schweiz,
Spanien,
Vereinigte Staaten von Amerika.

2. In den in der Anlage 2 aufgeführten Staaten sind die dort bezeichneten inneren Behörden für zuständig erklärt worden, über die staatsrechtlichen Folgen der Eheschließung rechtswirksame Zeugnisse, welche mit der im Artikel 43 § 3 a. a. O. vorgeschriebenen Bescheinigung versehen sein müssen, auszustellen.

Können Angehörige eines dieser Staaten das vorgeschriebene Zeugnis ausnahmsweise nicht beibringen, so kann bei mir, dem Minister des Innern, Befreiung beantragt werden.

3. Die Angehörigen der weder unter Nr. 1, noch in der Anlage 2 aufgeführten Staaten können nur auf Grund einer von mir, dem Minister des Innern, im einzelnen Falle erteilten Befreiung zur Eheschließung zugelassen werden.

Die Vorschrift unter I Nr. 3 Abs. 2 findet entsprechende Anwendung.

4. Den Angehörigen Bulgariens, Griechenlands, Rußlands und Serbiens wird die Befreiung nur dann bewilligt werden, wenn sie die unter I Nr. 4 bezeichnete Bescheinigung beibringen.

III. 1. Beantragt der Angehörige eines in den Anlagen aufgeführten Staates sein Aufgebot, so hat der für dessen Anordnung zuständige Standesbeamte ihn an die mit tunlichster Genauigkeit zu bezeichnende Behörde seines Heimatstaates zu verweisen; dabei ist davon auszugehen, daß, sofern nicht aus den Bestimmungen der Anlagen ein anderes sich ergibt, regelmäßig diejenige Behörde zuständig sein wird, in deren Bezirke der Verlobte den letzten Wohnsitz in seinem Heimatstaate gehabt hat, und in Ermangelung eines solchen Wohnsitzes die Behörde seines Geburtsorts. In den geeigneten Fällen hat der Standesbeamte dem Antragsteller die Inanspruchnahme der Vermittelung des Gesandten oder desjenigen im Inlande residierenden Konsuls seines Heimatstaats zu empfehlen, zu dessen Amtsbezirke das Standesamt gehört. Bei der Abfassung der an die zuständige Behörde oder den Gesandten oder Konsul des Heimatstaats zu richtenden Schreiben wird der Standesbeamte nötigenfalls dem Antragsteller behilflich sein.

2. Wird dem Standesbeamten das Zeugnis der gemäß Anlage 1 oder 2 zuständigen Behörde vorgelegt, so hat er darauf zu achten, ob das Zeugnis mit der erforderlichen Bestimmtheit abgefaßt, ob insbesondere diejenige Person, mit welcher der ausländische Verlobte die Ehe eingehen will, in dem Zeugnisse namentlich bezeichnet ist; fehlt es an dieser Bezeichnung, so ist das Zeugnis zurückzuweisen.

3. Bedarf ein ausländischer Verlobter der Befreiung (I Nr. 2 oder Nr. 3, II Nr. 2 Abs. 2 oder Nr. 3), so hat er sein Gesuch bei dem zuständigen Standesbeamten schriftlich oder durch Erklärung zu Protokoll anzubringen. Der Standesbeamte hat den Antragsteller wegen der Beschaffung der für die Entscheidung über sein Gesuch erforderlichen Unterlagen zu belehren und wird ihm geeignetenfalls bei der Abfassung der dieserhalb an den Gesandten oder Konsul oder an sonstige Behörden des auswärtigen Staates zu richtenden Schreiben behilflich sein. Demnächst hat der Standesbeamte das Gesuch auf Grund der beschafften Unterlagen zu prüfen und über das Ergebnis der Prüfung, ohne auf das zur Anwendung kommende ausländische Recht näher einzugehen, an die Aufsichtsbehörde, in besonders eiligen Fällen unmittelbar an den zuständigen Minister, zu berichten.

4. Dem Berichte (Nr. 3), in welchem beide Verlobte nach Namen und Wohnort bezeichnet werden sollen, sind die Geburtsurkunde und der Ausweis über die Staatsangehörigkeit des Antragstellers sowie alle diejenigen Urkunden, welche für die Entscheidung über das Gesuch von Bedeutung sein können, einschließlich der von dem Gesandten oder Konsul oder den sonstigen Behörden des ausländischen Staates etwa eingegangenen Schreiben, beizufügen.

5. Insoweit es sich um ein an mich, den Justizminister, gerichtetes Gesuch handelt, ist außerdem die in der Regel an Eides Statt abzugebende Versicherung beider Verlobten darüber, ob und eintretendenfalls in welchem Grade sie miteinander verwandt oder verschwägert, sowie darüber, ob sie noch nicht verheiratet gewesen sind, dem Berichte beizufügen. Eintretendenfalls ist zu erörtern, wann und wodurch eine früher bestandene Ehe aufgelöst worden ist und ob minderjährige Kinder aus der früheren Ehe vorhanden sind.

Ist der Aufenthaltsort des einen Verlobten von dem Amtssitze des Standesbeamten weit entfernt, so wird regelmäßig die von dem anderen Verlobten abgegebene eidesstattliche Versicherung als ausreichend angesehen werden können. Der eidesstattlichen Versicherung bedarf es nicht, insoweit die glaubhaft zu machenden Tatsachen anderweit urkundlich nachgewiesen oder bei dem Standesamt offenkundig sind.

6. Die Aufsichtsbehörde des Standesbeamten hat den Bericht (Nr. 3 bis 5) zu prüfen, eine etwa erforderliche Vervollständigung zu veranlassen und ihn sodann — eintretendenfalls durch Vermittelung ihrer vorgesetzten Behörde — an den zuständigen Minister zur Entscheidung einzureichen. Erscheint die Entscheidung zweifelhaft, so hat die einreichende Behörde eine kurze gutachtliche Äußerung beizufügen; andernfalls kann die Einreichung mittels Umschlagbogens geschehen.

7. Seitens aller beteiligten Behörden ist auf tunlichste Beschleunigung Bedacht zu nehmen.

IV. Die Anordnung des Aufgebots durch den Standesbeamten darf in der Regel erst nach der Erledigung der aus Anlaß des Artikel 43 a. a. O. gepflogenen Verhandlungen erfolgen (§ 45 Abs. 1 des Personenstandsgesetzes vom 6. Februar 1875).

V. Unter auswärtigen Staatsangehörigen im Sinne dieses Runderlasses sind, insoweit der Erlaß sich auf Artikel 43 § 1 a. a. O. bezieht, Ausländer beiderlei Geschlechts, insoweit er sich auf § 2 a. a. O. bezieht, männliche Ausländer zu verstehen.

Anlage 1.

Verzeichnis

der in den einzelnen auswärtigen Staaten bestimmten Behörden, die zur Ausstellung des im Artikel 43 § 1 des preußischen Ausführungsgesetzes zum Bürgerlichen Gesetzbuche vorgeschriebenen Zeugnisses über das Nichtbekanntsein von Ehehindernissen zuständig sind.

Argentinien.	Die Zivilrichter.
Belgien.	Die Standesbeamten.
Brasilien.	Der Standesbeamte des letzten Wohnortes des Verlobten.
Bulgarien.	Für Angehörige des orthodoxen Bekenntnisses die Vorsteher der Bistümer; für Angehörige anderer Bekenntnisse die entsprechenden kirchlichen Behörden.
Zentralamerika: Kostarika.	Der Gouverneur in Gemeinschaft mit dem Vorsteher des Zivilstands-Registeramts.
Guatemala.	Die Beamten der Zivilstandsregister.
Nikaragua.	Die Distrikts- oder Lokalrichter des Wohnorts des Verlobten.
Dänemark.	Die Polizeibehörde des Wohnorts des Verlobten und in Ermangelung eines solchen die Polizeibehörde des Ortes, wo der

	Verlobte bekannt ist; fehlt es an einer hiernach zuständigen Polizeibehörde, der Justizminister.
Dominikanische Republik.	Die Standesbeamten.
Haiti.	Die Standesbeamten.
Italien.	Die Standesbeamten.
Japan.	Der Bürgermeister, Orts- oder Dorfvorstand des Registrierungsorts des Verlobten.
Luxemburg.	Die Zivilstandsbeamten.
Mexiko.	Die politischen Ortsbehörden.
Niederlande*).	Derjenige Zivilstandsbeamte, in dessen Bezirk der niederländische Verlobte seinen Wohnsitz hat oder zuletzt gehabt hat. (Für den Fall, daß die Verlobten in den Niederlanden ihren Wohnsitz weder haben noch gehabt haben, ist eine zuständige innere Behörde nicht bestimmt; in diesem Falle bedürfen daher die Verlobten zur Eheschließung in Preußen der Befreiung auf Grund des Art. 43 § 4 AG.BGB.)
Österreich-Ungarn: Österreich.	Im allgemeinen die Bezirkshauptmannschaften; in den mit besonderen Gemeindestatuten begabten Städten die Gemeindeämter oder die Bürgermeister; solche Städte sind: Bielitz, Bozen, Brünn, Cilli, Czernowitz, Friedeck, Görz, Graz, Iglau, Innsbruck, Klagenfurt, Krakau, Kremsier, Laibach, Lemberg, Linz, Marburg, Olmütz, Pettau, Prag, Reichenberg, Roveredo, Rovigno, Salzburg, Steyr, Trient, Triest, Troppau, Ungarisch-Hradisch, Waidhofen a. d. Ybbs, Wien, Wiener-Neustadt und Znaim.

*) Fassung nach der Verf. v. 19. Oktober 1906.

Ungarn.	Der Justizminister.
Kroatien und Slavonien.	Die politischen Behörden erster Instanz, d. h. die Bezirks- und Stadtmagistratsbehörden.
Paraguay.	Die Standesbeamten.
Peru.	Die städtischen Behörden, soweit Zivilstandsregister eingerichtet sind; sonst die Pfarrer.
Portugal.	Für Katholiken der Pfarrer des Wohnorts oder des Geburtsorts des Verlobten; für Nichtkatholiken der für diesen Ort zuständige Bezirksverwalter.
Rumänien.	Die Standesbeamten.
Rußland.*)	Für Angehörige des orthodoxen (griechisch-katholischen) oder des evangelischen Bekenntnisses der Gemeindegeistliche des Wohnorts oder des letzten russischen

*) Verf. v. 17. Februar 1905 (BMBl. S. 39) u. v. 26. August 1909 (BMBl. S. 194).

I. Wird die Hinzusetzung des oben in den Text aufgenommenen bestimmt.

II. Zugleich wird anheimgestellt, die Standesbeamten zur Vermeidung von Zweifeln auf folgende Gesichtspunkte besonders hinzuweisen:

1. Männliche Russen bedürfen nach wie vor der Befreiung von der Vorschrift des Art. 43 § 2 AG.BGB. durch den Minister des Innern;
2. die Zeugnisse der laut I (oben) für zuständig erklärten russischen Behörden über das Nichtvorhandensein von Ehehindernissen bedürfen in jedem Falle der in Art. 43 § 3 a. a. O. vorgesehenen Bescheinigung durch einen Konsul oder Gesandten des Reichs;
3. wegen der erforderlichen Bestimmtheit der Zeugnisse ist die Vorschrift unter Nr. III 2 des Runderlasses vom 13. März 1903 genau zu beachten;

Wohnorts des Verlobten, für Angehörige des römisch-katholischen Bekenntnisses die Polizeibehörde dieses Ortes, wenn der römisch-katholische russische Untertan mit dem Angehörigen eines anderen Bekenntnisses die Ehe schließen will; gehören dagegen beide Verlobte dem römisch-katholischen Bekenntnis an, so wird das Zeugnis von dem römisch-katholischen Geistlichen des Ortes erteilt, an dem der russische Verlobte in Rußland wohnt oder zuletzt gewohnt hat; für Mohammedaner der Religionsdiener dieses Ortes, dessen Unterschrift durch die Polizeibehörde zu beglaubigen ist.

Schweden und Norwegen:

Norwegen. Der Minister der Justiz und der Polizei.

Schweden *). Für Verlobte, die in Schweden ihren Wohnsitz haben, der Prediger oder Vorsteher derjenigen Kirchengemeinde, in welcher sie in das Kirchenbuch aufgenommen sind,

---

4. Zeugnisse, welche sich auf die Bescheinigung des in der russischen Heimat stattgehabten Aufgebots beschränken, sind nicht als ausreichend zu erachten. Wenn daher der Verlobte trotz sachgemäßer Antragstellung bei der zuständigen Heimatsbehörde nur eine solche Bescheinigung, aber kein Zeugnis über das Nichtbekanntsein von Ehehindernissen vorzulegen in der Lage ist, so ist wegen Bewilligung der Befreiung von der Vorschrift des Art. 43 § 1 a. a. O. (vgl. im übrigen Nr. I 2 des Runderlasses vom 13. März 1903) an den Justizminister zu berichten.

*) Fassung der Verf. v. 19. Oktober 1906.

für Verlobte, die außerhalb Schwedens ihren Wohnsitz haben, der Kabinettssekretär im Ministerium der auswärtigen Angelegenheiten in Stockholm. (Der Antrag auf Erteilung des Ehefähigkeitszeugnisses durch den Kabinettssekretär ist für schwedische Untertanen, die in Deutschland ihren Wohnsitz haben, bei bestimmten diplomatischen und konsularischen Vertretern Schwedens (den schwedischen Gesandten in Berlin, dem Sekretär dieser Gesandtschaft, dem städtischen Generalkonsul in Lübeck und in Hamburg) anzubringen).

Schweiz. Die Zivilstandsbeamten.

Serbien. Die kirchlichen Behörden, die in Serbien über die Zulässigkeit der Eheschließung zu entscheiden haben würden.

Venezuela. Die Gerichtsbehörden.

Anlage 2.

Verzeichnis

der in den einzelnen auswärtigen Staaten bestimmten Behörden, die zur Ausstellung der im Artikel 43 § 2 des preußischen Ausführungsgesetzes zum Bürgerlichen Gesetzbuche vorgeschriebenen Zeugnisses über die staatsrechtlichen Wirkungen der Eheschließung zuständig sind.

Zentral-Amerika.

Kostarika. Der Gouverneur in Gemeinschaft mit dem Vorsteher des Zivilstands-Richteramts.

Guatemala. Die Beamten der Zivilstandsregister.

Nikaragua. Die Distrikts- oder Lokalrichter des Wohnorts des Verlobten.

Salvador. Das Ministerium des Äußern.

Dominikanische Republik.	Das Staatsministerium.
Haiti.	Der Staatssekretär der Justiz.
Japan.	Der Bürgermeister, Orts- oder Dorfvorstand des Registrierungsorts des Verlobten.
Mexiko.	Das Ministerium des Äußern.
Paraguay.	Die Standesbeamten.
Peru.	Die Konsularabteilung des Ministeriums des Äußern.
Venezuela.	Die Gerichtsbehörden.

β. Zu § 6 ist Art. 31 ff. des Bayrischen Heimatgesetzes vom 16. April 1868 in der Fassung der Ministerialbekanntmachung vom 30. Juli 1899 und Art. 154 des Bayrischen Ausf.-Ges. z. BGB. vom 9. Juni 1899 zu vergleichen. Das von der zuständigen Distriktsverwaltungsbehörde ausgestellte Zeugnis hat sich auf die Feststellung zu beschränken, daß ein Einspruchsrecht der Heimatgemeinde nach Art. 32 des Heimatgesetzes nicht besteht (vgl. Erlaß d. Min. d. Inn. v. 19. Dzbr. 1902 — BMBl. 1903 S. 8). Das distriktspolizeiliche Verehelichungszeugnis haben auch diejenigen Angehörigen der rechtsrheinischen Gebietsteile des Königreichs Bayern beizubringen, welche noch die Staatsangehörigkeit in einem anderen Bundesstaate, ausgenommen die preußische Staatsangehörigkeit, besitzen. Verf. d. Min. d. Inn. v. 6. Juli 1903 — BMBl. S. 173). — Übrigens steht die Aufhebung des besonderen bayrischen Heimatgesetzes in nächster Zeit bevor.

c) Will ein Ausländer in Preußen eine Ehe eingehen, so muß er ein Zeugnis der Behörde seines Heimatstaats, daß ihr ein nach den Gesetzen dieses Staates bestehendes Ehehindernis nicht bekannt geworden sei, auch dann beibringen, wenn nach dem Rechte seines Heimatstaats die sachlichen Voraussetzungen der beabsichtigten Eheschließung sich nach deutschem Rechte richten. Beschl. d. KG. vom 27. Oktober 1902 (Jahrb. 25, 46).

Befreiung von Ehehindernissen.

BGB. § 1322 (Abs. 1 und 3). **Die Bewilligung einer nach den §§ 1303, 1313 zulässigen Befreiung steht dem Bundesstaate zu, dem die Frau, die Bewilligung einer nach § 1312 zulässigen Befreiung steht dem Bundesstaate zu, dem der geschiedene Ehegatte angehört. Für Deutsche, die keinem Bundesstaat angehören, steht die Bewilligung dem Reichskanzler zu.**

Über die Erteilung der einem Bundesstaate zustehenden Bewilligung hat die Landesregierung zu bestimmen[1].

[1]) Zu vgl. hierzu:

a) Verordnung zur Ausführung des Bürgerlichen Gesetzbuchs, vom 16. November 1899 (GS. S. 562).

Art. 10. Die Befreiung von der Vorschrift, daß eine Frau nicht vor der Vollendung des sechzehnten Lebensjahrs eine Ehe eingehen darf, sowie von dem Verbote der Eheschließung zwischen einem wegen Ehebruchs geschiedenen Ehegatten und demjenigen, mit welchem er den Ehebruch begangen hat (BGB. §§ 1303, 1312, 1322), erteilt der Justizminister.

Art. 11. Die Befreiung von der Vorschrift, daß eine Frau erst zehn Monate nach der Auflösung oder Nichtigkeitserklärung ihrer früheren Ehe eine neue Ehe eingehen darf (BGB. §§ 1313, 1322) erteilt das Amtsgericht, in dessen Bezirke die Frau ihren Wohnsitz oder in Ermangelung eines in Preußen begründeten Wohnsitzes ihren Aufenthalt hat.

In Ermangelung eines nach Abs. 1 zuständigen Gerichts erteilt das Amtsgericht, in dessen Bezirke die Eheschließung erfolgen soll, und, wenn die Ehe nicht in Preußen geschlossen werden soll, das Amtsgericht I Berlin die Befreiung.

b) Allgemeine Verfügung vom 14. Dezember 1899, — betreffend die geschäftliche Behandlung der in den Artikeln 10, [13, 14] der Königl. Verordnung zur Ausführung des BGB. vom 16. November 1899 (GS. S. 562) bezeichneten Angelegenheiten (JMBl. S. 784).

§ 1. Bei Gesuchen um Befreiung einer Frau von dem Ehehindernisse der mangelnden Ehemündigkeit (BGB. § 1303) liegt die Vorbereitung der Entscheidung dem Amtsgericht ob, in dessen Bezirke die Nachsuchende ihren Wohnsitz und in Ermangelung eines in Preußen begründeten Wohnsitzes ihren Aufenthalt hat.

Das Amtsgericht hat, sobald ein Gesuch dieser Art bei ihm eingereicht oder ihm aus dem Justizministerium übermittelt wird, mit tunlichster Beschleunigung alle bei der Entscheidung zu berücksichtigenden Verhältnisse, insbesondere das Alter beider Nupturienten, ihren Leumund und ihre Erwerbs- und Vermögensverhältnisse festzustellen. Das Gesuch ist alsdann unter Beifügung der etwa erforderlichen Urkunden mit einem gutachtlichen Berichte dem Justizminister unmittelbar einzureichen.

Bei Gesuchen Preußischer Staatsangehörigen, welche in Preußen weder ihren Wohnsitz noch ihren Aufenthalt haben, wird der Justizminister das Amtsgericht bezeichnen, welches sich der Vorbereitung der Entscheidung zu unterziehen hat.

§ 2. Bei Gesuchen um Befreiung von dem Ehehindernisse des Ehebruchs (BGB. § 1312) liegt die Vorbereitung der Entscheidung dem Landgericht ob, bei welchem der Ehescheidungsprozeß des Nachsuchenden in erster Instanz anhängig gewesen ist.

Die Bestimmung des § 1 Abs. 2 findet mit der Maßgabe entsprechende Anwendung, daß auch die Akten des Ehescheidungsprozesses dem Berichte beizufügen sind.

Erachtet das Landgericht die Ablehnung eines ihm von dem Justizminister zur Prüfung und weiteren Veranlassung zugefertigten Befreiungsgesuchs für angezeigt, so hat es den Nachsuchenden zu bescheiden, ohne daß es einer Berichterstattung bedarf.

Ist der Ehescheidungsprozeß nicht bei einem preußischen Gericht anhängig gewesen, so wird der Justizminister das Landgericht bezeichnen, welches sich der Erledigung des Gesuchs zu unterziehen hat.

§ 5. Bei der Vorbereitung der Entscheidung bezüglich aller in den §§ 1, 2 aufgeführten Gesuche ist zu beachten, daß die diesseitige Zuständigkeit nur dann begründet ist, wenn die Gesuchsteller die preußische Staatsangehörigkeit besitzen. Es ist daher dieser Frage (vgl. Gesetz über den Erwerb und Verlust der Bundes- und Staatsangehörigkeit vom 1. Juli 1870 — BGBl. S. 355 §§ 2 ff.) in jedem Falle besondere Aufmerksamkeit zuzuwenden und es sind die für die Beurteilung derselben maßgebenden Tatsachen in dem Berichte zu erörtern. Sofern nicht die preußische Staatsangehörigkeit des Nachsuchenden bei dem Gericht offenkundig oder anderweit zweifelsfrei festgestellt ist, wird der Regel nach eine einfache Auskunft der Ortspolizeibehörde genügen, um diese Staatsangehörigkeit für dargetan zu erachten; nur wenn sich nach den Angaben der Beteiligten oder nach sonstigen Ermittelungen Bedenken ergeben, wird die Vorlegung einer förmlichen, von der zuständigen Behörde (Regierungspräsident — § 155 des Zuständigkeitsgesetzes vom 1. August 1883) auszustellenden Urkunde zu erfordern sein.

c) Die betreffenden Urkunden sind dem Standesbeamten vorzulegen und in die Sammelakten aufzunehmen (§ 22 BRB. — B I).

Vierter Abschnitt.

Form und Beurkundung der Eheschließung.

Verweisung auf das BGB.

§ 41 (Fassung des Art. 46 Ziff. II EG.BGB.).

Für die Eheschließung sind die Vorschriften des Bürgerlichen Gesetzbuchs maßgebend.

§§ 42 und **43**. Aufgehoben durch Art. 46 Ziff. I EG.BGB. und ersetzt durch §§ 1320 und 1321 BGB. — unter § 54 des Ges.

I. Aufgebot.

1. Notwendigkeit.

BGB. § 1316. Der Eheschließung soll[1] ein Aufgebot[2] vorhergehen[3]. Das Aufgebot verliert seine Kraft, wenn die Ehe nicht binnen sechs Monaten nach der Vollziehung des Aufgebots geschlossen wird.

Das Aufgebot darf unterbleiben, wenn die lebensgefährliche Erkrankung eines der Verlobten den Aufschub der Eheschließung nicht gestattet[4].

Von dem Aufgebote kann Befreiung bewilligt werden[5].

[1]) Ordnungsvorschrift — Unterlassen des Aufgebots kein Ehehindernis.

[2]) Form. E.

[3]) Zu vgl. die unten flgden. §§ 44 bis 51 des PStG.

[4]) Zu vgl. § 50 PStG. insbes. — [5]) § 1322 BGB.

2. Befreiung.

BGB. § 1322 (Abs. 2 und 3). Die Bewilligung einer nach § 1316 zulässigen Befreiung steht dem Bundesstaate zu, in dessen Gebiete die Ehe geschlossen werden soll.

Über die Erteilung der einem Bundesstaate zustehenden Bewilligung hat die Landesregierung zu bestimmen[1].

[1]) Zu vgl. hierzu:

Verordnung zur Ausführung des Bürgerlichen Gesetzbuchs, vom 16. November 1899 (GS. S. 562).

Art. 12. Die Befreiung von dem vor der Eheschließung erforderlichen Aufgebot (BGB. §§ 1316, 1322) erteilt der Minister des Innern.

Die Aufsichtsbehörde kann in dringenden Fällen eine Abkürzung der für die Bekanntmachung des Aufgebots bestimmten Fristen (Reichsgesetz vom 6. Februar 1875 §§ 46, 47) gestatten. — Vgl. § 11 PStG.

3. Zuständigkeit.

§ 44 (Fassung des Art. 46 Ziff. II EG.BGB.).

Für die Anordnung des vor der Eheschließung zu erlassenden Aufgebots[1] ist jeder Standesbeamte zuständig, vor dem nach § 1320 des Bürgerlichen Gesetzbuchs die Ehe geschlossen werden darf[2].

[1]) Form. E.

[2]) Bescheinigung über das angeordnete Aufgebot: § 9 BRB. (B I). — Bescheinigung für den Standesbeamten, vor dem die Ehe geschlossen wird: § 49.

4. Nachweis der Erfordernisse.

§ 45. Vor Anordnung des Aufgebots sind dem Standesbeamten (§ 44) die zur Eheschließung gesetzlich notwendigen Erfordernisse als vorhanden nachzuweisen[1].

Insbesondere haben die Verlobten in beglaubigter Form[2] beizubringen[3]:

1. ihre Geburtsurkunden,
2. die zustimmende Erklärung derjenigen, deren Einwilligung nach dem Gesetze erforderlich ist[4].

Der Beamte kann die Beibringung dieser Urkunden erlassen, wenn ihm die Tatsachen, welche durch dieselben festgestellt werden sollen, persönlich bekannt oder sonst glaubhaft nachgewiesen sind[5]. Auch kann er von unbedeutenden Abweichungen in den Urkunden, beispielsweise von einer verschiedenen Schreibart der Namen oder einer Verschiedenheit der Vornamen absehen, wenn in anderer Weise die Persönlichkeit der Beteiligten festgestellt wird[6].

Der Beamte ist berechtigt, den Verlobten die eidesstattliche Versicherung über die Richtigkeit der Tatsachen abzunehmen, welche durch die vorliegenden Urkunden oder die sonst beigebrachten Beweismittel ihm nicht als hinreichend festgestellt erscheinen[7 8].

[1]) Zu vgl. hierzu Runderlaß vom 2. Juni 1899: unten B II. Die Befreiung von Ehehindernissen ist vor Erlaß des Aufgebots zu erwirken.

[2]) a) Für die Geburtsurkunden: §§ 15 Abs. 2, 73 dieses Ges.;
b) für die Zustimmungserklärungen, falls sie nicht vor dem Standesbeamten mündlich abgegeben werden: § 129 BGB. u. § 167 FGG. (Beglaubigung der Unterschrift durch Amtsgericht oder Notar).

[3]) Persönliches Erscheinen (abgesehen vom Falle des Abs. 4) nicht erforderlich: vgl. Runderlaß v. 2. Juni 1899 (B II).

[4]) Zu vgl. §§ 1304—1308 BGB. (oben im dritten Abschnitt).

[5]) Bei Ablehnung Anweisung durch das Gericht zulässig (§ 11).

6) Es darf aber in dem Texte des Standesaktes der Name nicht anders geschrieben werden, als in der Unterschrift der Beteiligten. Berichtigung der Unterschrift nur nach §§ 65, 66 zulässig.

7) Nur als Ergänzung, nicht als Ersatz des Nachweises durch Urkunden zulässig.

8) Die beigebrachten Nachweise sind in die Sammelakten, die angeordneten Aufgebote in ein besonderes Verzeichnis aufzunehmen: §§ 22, 23 BAB. (B I).

5. Bekanntmachung: a) im Inlande.

§ 46. Das Aufgebot[1] ist bekanntzumachen[2]:

1. in der Gemeinde oder in den Gemeinden, woselbst die Verlobten ihren Wohnsitz[3] haben;
2. wenn einer der Verlobten seinen gewöhnlichen Aufenthalt außerhalb seines gegenwärtigen Wohnsitzes hat, auch in der Gemeinde seines jetzigen Aufenthalts;
3. wenn einer der Verlobten seinen Wohnsitz innerhalb der letzten sechs Monate gewechselt hat, auch in der Gemeinde seines früheren Wohnsitzes.

Die Bekanntmachung hat die Vor- und Familiennamen, den Stand[4] oder das Gewerbe und den Wohnort[5] der Verlobten und ihrer Eltern zu enthalten.

Sie ist während zweier Wochen[6] an dem Rats- oder Gemeindehause, oder an der sonstigen, zu Bekanntmachungen der Gemeindebehörde bestimmten Stelle auszuhängen[7].

1) Form. E zu § 7 BAB. (B I).

2) Die Bekanntmachung soll unterbleiben bezüglich solcher im Auslande sich aufhaltender Deutschen, welche fahnenflüchtig sind oder die Wehrpflicht verletzt haben (Erlaß vom 19. März 1895 — BMBl. S. 133).

3) §§ 7 ff. BGB. — 4) Vgl. Anm. 3 zu § 22.

⁵) Wohnort = Wohnsitz und gewöhnlicher Aufenthalt.

⁶) D. i. volle 14 Tage, den Tag des Aushangs und den Tag der Abnahme nicht mitgerechnet (vgl. § 188 BGB. und Form. E 1). Abkürzung der Frist durch die Aufsichtsbehörde (Anm. 1 zu § 11) zulässig: Art. 12 Abs. 2 der Verordnung v. 16. Novbr. 1899 — Anm. 3 zu § 1322 BGB. (unter § 41 des Ges.).

⁷) Der Standesbeamte hat die Gemeindebehörde um Bewirkung des Aushangs zu ersuchen, die Gemeindebehörde hat dem Ersuchen Folge zu leisten und nach Ablauf der Frist den Aushang zurückzusenden: vgl. Form. E 1 und § 26 BRB. (B I).

b) Im Auslande.

§ 47. Ist einer der Orte, an welchem nach § 46 das Aufgebot bekanntzumachen ist, im Auslande belegen, so ist an Stelle des an diesem Orte zu bewirkenden Aushanges die Bekanntmachung auf Kosten des Antragstellers einmal in ein Blatt einzurücken, welches an dem ausländischen Orte erscheint oder verbreitet ist[1]. Die Eheschließung ist nicht vor Ablauf zweier Wochen[2] nach dem Tage der Ausgabe der betreffenden Nummer des Blattes zulässig[3].

Es bedarf dieser Einrückung nicht, wenn eine Bescheinigung der betreffenden ausländischen Ortsbehörde dahin beigebracht wird, daß ihr von dem Bestehen eines Ehehindernisses nichts bekannt sei.

¹) Das Blatt braucht nicht im Auslande zu erscheinen.

²) Vgl. Anm. 6 zu § 46.

³) Ein Belagsblatt ist in die Sammelakten aufzunehmen: § 22 BRB. (B I).

6. Ablehnung der Eheschließung.

§ 48. Kommen Ehehindernisse[1] zur Kenntnis des Standesbeamten, so hat er die Eheschließung abzulehnen[2 3].

[1]) Vgl. §§ 1303 bis 1315 BGB.

[2]) Bei Vermeidung der Bestrafung aus § 69.

[3]) Gegen die Ablehnung Anrufung der gerichtlichen Entscheidung nach § 11 zulässig.

7. Bescheinigung über das Aufgebot.

§ 49. Soll die Ehe vor einem anderen Standesbeamten als demjenigen geschlossen werden, welcher das Aufgebot angeordnet hat[1], so hat der letztere eine Bescheinigung dahin auszustellen[2], daß und wann das Aufgebot vorschriftsmäßig erfolgt ist und daß Ehehindernisse nicht zu seiner Kenntnis gekommen sind[3].

[1]) Vgl. § 1321 BGB. — [2]) Gebührenfrei: Tarif Ziff. I.

[3]) Zu vgl. § 7 BRB. (B I) und Form. F und F 1. — Die Bescheinigung ist in die Sammelakten aufzunehmen: § 22 BRB.

§ 50 (Fassung des Art. 46 Ziff. II EG.BGB.).

Der Standesbeamte[1] soll ohne Aufgebot die Eheschließung nur vornehmen, wenn ihm ärztlich bescheinigt wird, daß die lebensgefährliche Erkrankung eines der Verlobten den Aufschub der Eheschließung nicht gestattet.

[1]) D. i. der nach § 1320 BGB. zuständige Standesbeamte.

§§ 51, 52 und 53: Aufgehoben durch Art. 46 Ziff. I EG.BGB. und ersetzt durch §§ 1316 Abs. 1, 1817 und 1318 BGB.

II. Eheschließung.

1. Erklärung vor dem Standesbeamten.

BGB. § 1317. Die Ehe wird dadurch geschlossen, daß die Verlobten vor einem Standesbeamten[1] persönlich[2] und bei gleichzeitiger Anwesenheit erklären[3], die Ehe miteinander eingehen zu wollen[4]. Der Standesbeamte muß zur Entgegennahme der Erklärungen bereit sein[5].

Die Erklärungen können nicht unter einer Bedingung oder einer Zeitbestimmung abgegeben werden.

[1]) a) Zuständigkeit: §§ 1319 bis 1321 BGB. — unter § 54 des Ges.

b) Die Eheschließung soll, wie die Aufnahme sämtlicher Urkunden, im Geschäftsraume des Standesamts vorgenommen werden. Nur wenn einer der Verlobten durch Krankheit usw. (vgl. § 50 des Ges.) am Erscheinen verhindert ist oder ein sonstiger besonderer Ausnahmefall vorliegt, ist die Eheschließung außerhalb des Geschäftsraumes zulässig (M.-Verf. vom 2. Juni 1875). — Über die Vornahme von Eheschließungen in der Karwoche vgl. Verf. d. Min. d. Inn. v. 3. März 1903 (BMBl. S. 28).

c) Bei seiner eigenen Eheschließung kann ein Standesbeamter nicht mitwirken, wohl aber bei der von Verwandten und Verschwägerten: § 27 BRB. (B I).

[2]) Vertretung unzulässig. Ausnahme nach § 72 PStG. (vgl. Art. 57 EG.BGB.).

[3]) Diese Erklärung bewirkt die Eheschließung, nicht der nachfolgende, in § 1318 BGB. vorgeschriebene Ausspruch des Standesbeamten — vgl. Anm. 3 zu § 1318 BGB.

[4]) Diese Vorschriften sind wesentlich, deren Nichteinhaltung Nichtigkeit der Ehe begründet.

[5]) Bei Ablehnung kann die Ehe nicht vor diesem Standesbeamten geschlossen werden. Gegen den Willen des Standesbeamten kann eine Ehe nicht zustande kommen; es ist ausgeschlossen, daß durch eine Überrumpelung des die Eheschließung für unzulässig haltenden Standesbeamten eine Ehe geschlossen werden könnte.

2. Form. Zuziehung von Zeugen.

BGB. § 1318. Der Standesbeamte soll[1] bei der Eheschließung in Gegenwart von zwei Zeugen an die Verlobten einzeln und nacheinander die Frage richten, ob sie die Ehe miteinander eingehen wollen, und, nachdem die Verlobten die Frage bejaht haben, aussprechen, daß sie kraft dieses Gesetzes[2] nunmehr rechtmäßig verbundene Eheleute seien[3 4].

Als Zeugen sollen[1] Personen, die der bürgerlichen Ehrenrechte für verlustig erklärt sind, während der Zeit, für welche die Aberkennung der Ehrenrechte erfolgt ist[5], sowie Minderjährige[6] nicht zugezogen werden. Personen, die mit einem der Verlobten, mit dem Standesbeamten oder miteinander verwandt oder verschwägert sind, dürfen als Zeugen zugezogen werden[7].

Der Standesbeamte soll[8] die Eheschließung in das Heiratsregister eintragen[9].

[1]) Ordnungsvorschrift — Unterlassung der Beachtung der hier vorgeschriebenen Formen (Zuziehung von zwei Zeugen, Frage und Ausspruch des Standesbeamten) ohne Einfluß auf die Gültigkeit der Ehe — vgl. Anm. 3.

[2]) Des BGB. — nicht: kraft Gesetzes.

[3]) Nicht: daß er sie für rechtmäßig verbundene Eheleute erkläre. Es kommt für die Eheschließung nur auf die Erklärung der Eheschließenden an: Anm. 3 zu § 1317 BGB.

[4]) Verhandlung mit stummen, am Sprechen verhinderten und der deutschen Sprache nicht mächtigen Personen: §§ 10, 11 der Vorschriften des BR. (B I).

[5]) § 34 StGB.

[6]) Angabe des Alters: vgl. § 54 Nr. 3 des Ges.

[7]) Frauen und für volljährig Erklärte können Zeugen sein.

[8]) S. den folgenden § 54 des Ges.

3. Eintragung in das Heiratsregister.

§ 54. Die Eintragung in das Heiratsregister soll[1] enthalten[2]:

1. Vor- und Familiennamen[3], Religion[4], Alter[5], Stand[6] oder Gewerbe, Geburts- und Wohnort der Eheschließenden;
2. Vor- und Familiennamen, Stand[6] oder Gewerbe und Wohnort ihrer Eltern;
3. Vor- und Familiennamen, Alter[7], Stand[6] oder Gewerbe und Wohnort der zugezogenen Zeugen;
4. die Erklärung der Eheschließenden;
5. den Ausspruch des Standesbeamten.

Über die erfolgte Eheschließung ist den Eheleuten sofort eine Bescheinigung auszustellen[8 9 10].

[1]) Ordnungsvorschrift — vgl. Anm. 1 zu § 1318 BGB.

[2]) Form. B, B1 und B2. — Über die Anerkennung eines vorehelichen Kindes bei der Eheschließung vgl. § 15 BRB. nebst Zus. (B I).

[3]) Vgl. § 13 Nr. 1 nebst Anm. Bei der Unterschrift hat die Frau bereits mit dem Familiennamen ihres Mannes zu unterzeichnen. Über die Bezeichnung einer geschiedenen Frau, die ihren Familiennamen wieder angenommen hat, bei einer neuen Eheschließung vgl. B IV 1 b α nebst Anm.*

[4]) Vgl. Anm. 7 zu § 22.

[5]) Wesentlich wegen § 1303 BGB., daher in Buchstaben auszudrücken.

[6]) D. i. Beruf, Stellung im bürgerlichen Leben: vgl. Anm. 3 zu § 22. Zu vgl. auch Verf. v. 10. August 1905 (BMBl. S. 132), betr. die richtige Angabe des Standes von Handwerkern (Meistertitel).

[7]) Vgl. Anm. 6 zu § 1318 BGB.

[8]) Als Nachweis der Eheschließung für die Trauung (§ 67) — gebührenfrei: Tarif Ziff. I. Form: § 7 BRB. und Form. D.

[9]) Aushändigung eines Familienstammbuchs: Anm. 5 zu § 15.

[10]) Nach dem Haager Eheschließungsabkommen vom 12. Juni 1902 (vgl. Anm.* zu Art. 43 AG.BGB. — S. 63) Art. 5 Abs. 4 ist bei der Eheschließung von Ausländern eine beglaubigte Abschrift der Eheschließungsurkunde den Behörden des Heimatlandes eines jeden der Ehegatten zu übersenden.

4. Zuständigkeit.

BGB. § 1319. Als Standesbeamter im Sinne des § 1317 gilt auch derjenige, welcher, ohne Standesbeamter zu sein[1], das Amt eines Standesbeamten öffentlich ausübt, es sei denn, daß die Verlobten den Mangel der amtlichen Befugnis bei der Eheschließung kennen.

[1]) Z. B. bevor er bestellt ist (§ 3 Abs. 2), oder wenn er nicht mehr Standesbeamter ist, aber mit der Vornahme von Amtshandlungen fortfährt, oder außerhalb seines Standesamtsbezirks. Durch diese Bestimmung soll verhindert werden, daß Ehen nichtig sind, weil der als Standesbeamter tätig gewesene Beamte nicht formgerecht zum Standesbeamten bestellt war.

BGB. § 1320. Die Ehe soll[1] vor dem zuständigen Standesbeamten geschlossen werden.

Zuständig ist der Standesbeamte, in dessen Bezirk einer der Verlobten seinen Wohnsitz[2] oder seinen gewöhnlichen Aufenthalt[3] hat.

Hat keiner der Verlobten seinen Wohnsitz oder seinen gewöhnlichen Aufenthalt im Inland[4] und ist auch nur einer von ihnen ein Deutscher[5], so wird der zuständige Standesbeamte von der obersten Aufsichtsbehörde[6] des Bundesstaats, dem der Deutsche angehört, und, wenn dieser keinem Bundesstaat angehört[7], von dem Reichskanzler bestimmt.

Unter mehreren zuständigen Standesbeamten haben die Verlobten die Wahl[8].

[1]) Ordnungsvorschrift — vgl. Anm. 1 zu § 1318 BGB. Die vor einem unzuständigen Standesbeamten geschlossene Ehe ist gültig, der Standesbeamte aber nach § 69 des PStG. strafbar. — Ablehnung der Eheschließung durch den zuständigen Standesbeamten begründet Beschwerderecht nach § 11 PStG.

[2]) Vgl. §§ 7 bis 11 BGB.

[3]) Nicht: einmaligen oder vorübergehenden Aufenthalt — in diesem Falle trifft Abs. 3 zu.

[4]) D. i. innerhalb des deutschen Reichsgebiets.

[5]) Sind beide Verlobte Ausländer, so findet Abs. 3 auch dann keine Anwendung, wenn etwa die Braut Witwe ist und vor ihrer früheren Verheiratung Deutsche war.

[6]) Minister des Innern: §§ 11, 84 (nebst Zus.) des PStG.

[7]) Vgl. § 9 des Schutzgebietsgesetzes v. 10. Septbr. 1900 (RGBl. S. 812).

[8]) Verwandtschaft oder Schwägerschaft des Standesbeamten mit den Eheschließenden kein Hindernis: § 27 BRB. (B I).

BGB. § 1321. Auf Grund einer schriftlichen Ermächtigung des zuständigen Standesbeamten darf die

Ehe auch vor dem Standesbeamten eines anderen Bezirkes geschlossen werden[1].

[1]) Zu vgl. § 7 BRB. (B I) und Form. F. — Bescheinigung des Aufgebots: § 49 PStG. — Die Ermächtigung ist in die Sammelakten aufzunehmen: § 22 BRB.

5. **Vermerk über Auflösung der Ehe.**

§ 55 (Fassung des Art. 46 Ziff. II EG.BGB.).

Ist eine Ehe für nichtig erklärt[1], ist in einem Rechtsstreite, der die Feststellung des Bestehens oder des Nichtbestehens einer Ehe zwischen den Parteien zum Gegenstande hat, das Nichtbestehen der Ehe festgestellt[2], ist eine Ehe vor dem Tode eines der Ehegatten aufgelöst[3] oder ist nach § 1575 des Bürgerlichen Gesetzbuchs die eheliche Gemeinschaft aufgehoben, so ist dies am Rande der über die Eheschließung bewirkten Eintragung zu vermerken[4].

Wird die eheliche Gemeinschaft nach der Aufhebung wiederhergestellt[5], so ist dies auf Antrag am Rande zu vermerken.

[1]) Durch ein auf Nichtigkeits- oder Anfechtungsklage ergangenes rechtskräftiges Urteil: vgl. §§ 1323 bis 1329, 1330 bis 1343 BGB., § 606 ZPO. Auf Grund des Urteils eines ausländischen Gerichts ist die Eintragung nicht zulässig. Beschl. d. KG. v. 26. Oktober 1903 (Jahrb. 26, 194, RJ. 4, 7).

[2]) § 606 ZPO.

[3]) Durch Scheidung (§ 1564 BGB.) oder Wiederverheiratung des Ehegatten eines für tot Erklärten (§§ 1348 bis 1350 BGB.).

[4]) Von Amts wegen auf Veranlassung der Staatsanwaltschaft — vgl. § 25 BRB. (B I) und Form. B 2 —

(ohne gerichtliches Berichtigungsverfahren — Anm. 1a zu § 65).

[5]) § 1587 BGB.

Über die Wiederannahme des früheren Familiennamens durch die geschiedene Frau vgl. unten B IV.

Fünfter Abschnitt.

Beurkundung der Sterbefälle.

Anzeigepflicht.

§ 56. Jeder Sterbefall[1] ist spätestens am nächstfolgenden Wochentage[2] dem Standesbeamten des Bezirks, in welchem der Tod erfolgt ist, anzuzeigen[3,4,5].

[1]) Die Todeserklärung (§§ 13 ff. BGB. und §§ 960 ff. ZPO.) wird nicht eingetragen. — Totgeburten: § 23.

[2]) Auch wenn er ein Feiertag ist; nur am Sonntag ruht die Anzeigepflicht: § 23.

[3]) Strafbestimmung: § 68. — Nachträgliche Aufnahme der Urkunde: § 60. — Bescheinigung zum Zwecke der Beerdigung: vgl. Anm. 2 zu § 60.

[4]) Schriftliche Mitteilung: § 58 Abs. 2.

[5]) Die Zuständigkeit dieses Standesbeamten ist auch für die Anzeige der Sterbefälle auf Binnenschiffen begründet. Verf. d. Min. d. Inn. v. 16. Januar 1902 (RMBl. S. 27).

Verpflichtung zur Anzeige.

§ 57. Zu der Anzeige[1] verpflichtet[2] ist das Familienhaupt, und wenn ein solches nicht vorhanden oder an der Anzeige behindert ist, derjenige, in dessen Wohnung oder Behausung der Sterbefall sich ereignet hat[3,4].

[1]) Vgl. Form. C 1 und 2. — [2]) Strafbestimmung: § 68.

[3]) In erster Linie anzeigepflichtig ist das Familienhaupt, nicht auch die Familienglieder, in Ermangelung oder

bei Verhinderung des Familienhauptes aber der Inhaber (Repräsentant) der Wohnung, d. h. derjenige, der die Wohnung mit Recht als die seinige bezeichnen kann, nicht auch alle diejenigen, die nur bei ihm, in seiner Wohnung, ihre Unterkunft haben.

[4]) Durch die Anzeige eines nicht zur Anzeige Verpflichteten wird der Verpflichtete straffrei (§ 68 Abs. 1 Satz 2); es muß aber in solchem Falle in der Urkunde festgestellt werden, daß der Anzeigende aus eigener Wissenschaft unterrichtet ist (§§ 58, 19).

Anwendung der §§ 19 bis 21.

§ 58. Die §§ 19 bis 21 kommen auch in Beziehung auf die Anzeige der Sterbefälle zur Anwendung.

Findet eine amtliche Ermittlung[1] über den Todesfall statt, so erfolgt die Eintragung[2] auf Grund der schriftlichen Mitteilung der zuständigen Behörde[3] [4].

[1]) Wie bei Unglücks- und Verbrechensfällen, Selbstmord, Auffinden der Leichen unbekannter Personen — zu vgl. § 157 StPO. Vgl. auch Anm. 3b.

[2]) In der auf die Mitteilung Bezug zu nehmen ist: §§ 12, 13 BRB. (B I) und Form. C 4.

[3]) a) In der Regel ist die Ortspolizeibehörde zuständig, auch wenn die amtliche Ermittelung durch das Gericht oder die Staatsanwaltschaft stattgefunden hat (§ 157 StPO.); Gericht und Staatsanwalt übersenden den Beerdigungsschein der Polizeibehörde. — Die Mitteilung ist in die Sammelakten aufzunehmen: § 22 BRB. (B I). — b) Beim Tode einer Militärperson hat, wenn der Tod nicht auf natürlichem Wege erfolgt, der Gerichtsherr nach § 223 Militärstrafgerichtsordnung v. 1. Dezember 1898 (RGBl. S. 1189) die erforderlichen amtlichen Ermittelungen über den Todesfall zu veranlassen. Es kann danach keinem Bedenken unterliegen, wenn in solchen Fällen die zur Eintragung des Sterbefalls

erforderliche Mitteilung an den Standesbeamten durch die Militärbehörde (Militärgericht) direkt erfolgt, zumal diese Behörde sich regelmäßig im Besitz aller auf § 52 PStG. für die Eintragung des Sterbefalls erforderlichen Daten befinden wird.

[4]) Ist die Anzeige mündlich bewirkt, obschon amtliche Ermittelungen über den Todesfall stattgefunden haben, so ist die darauf erfolgte Eintragung doch gültig und beweiskräftig. Der Standesbeamte soll aber in solchen Fällen, wo eine amtliche Ermittelung über den Todesfall voraussichtlich stattfinden wird, nicht auf Grund der mündlichen Anzeige eintragen, sondern die schriftliche Mitteilung der Behörden abwarten.

Eintragung.

§ 59. Die Eintragung des Sterbefalles soll enthalten[1]:

1. Vor- und Familiennamen[2], Stand[3] oder Gewerbe und Wohnort des Anzeigenden;
2. Ort[4], Tag und Stunde[5] des erfolgten Todes[6];
3. Vor- und Familiennamen[2], Religion[7], Alter, Stand[3] oder Gewerbe, Wohnort und Geburtsort des Verstorbenen;
4. Vor- und Familiennamen[2] seines Ehegatten[8], oder Vermerk, daß der Verstorbene ledig gewesen sei;
5. Vor- und Familiennamen[2], Stand[3] oder Gewerbe und Wohnort der Eltern des Verstorbenen.

Soweit diese Verhältnisse unbekannt sind, ist dies bei der Eintragung zu vermerken[8].

[1]) a) Zu vgl. § 20 C BRB. B I und Form. C 1—4.

b) Über die Eintragung des Sterbefalls ist zum Zwecke der Beerdigung eine gebührenfreie Bescheinigung zu erteilen: I. des Gebührentarifs.

c) Über die Anzeige von Sterbefällen an das Amtsgericht vgl. B III.

[2]) Vgl. § 13 Nr. 1 nebst Anm.

[3]) D. i. Beruf, Stellung im bürgerlichen Leben, nicht: Familienstand, ob ledig oder verheiratet usw. (vgl. Nr. 4 und Anm. 3 zu § 22).

[4]) Auch die nähere Bezeichnung der Örtlichkeit (Wohnung usw.), wo der Todesfall erfolgte, muß unter der Angabe des Ortsnamens aufgenommen werden; die Urkunden müssen die in den Formularmustern geforderten Angaben enthalten (vgl. Muster C 1). Ist diese nähere Bezeichnung der Örtlichkeit unrichtig, so wird das Berichtigungsverfahren notwendig. Beschl. d. Obersten Landesgerichts München vom 24. März 1905 und vom 31. Juli 1907 (RJ. 6, 31 und 9, 21).

[5]) falls er noch lebt, sonst: Witwer — vgl. Form. C 2.

[6]) nicht die Todesursache — Ausnahme: § 61.

[7]) Vgl. Anm. 7 zu § 22.

[8]) Zu vgl. Form. C 2 und 4. — Nachträgliche Eintragung solcher Verhältnisse erfolgt im Berichtigungsverfahren (§§ 65, 66).

Genehmigung zur Beerdigung.

§ 60. Ohne Genehmigung der Ortspolizeibehörde[1] darf keine Beerdigung vor der Eintragung[2] des Sterbefalles in das Sterberegister stattfinden. Ist die Beerdigung dieser Vorschrift entgegen geschehen[3], so darf die Eintragung des Sterbefalles nur mit Genehmigung der Aufsichtsbehörde[4] nach Ermittlung des Sachverhaltes erfolgen[5 6].

[1]) Zu vgl. Anm. 3 zu § 58.

[2]) Zum Nachweise der Eintragung hat der Standesbeamte eine gebührenfreie Bescheinigung zu erteilen: Gebührentarif I.

[3]) Strafbar nach § 367 Nr. 1 und 2 StGB.

[4]) Anm. 1 zu § 11.

[5]) Die Genehmigung und Mitteilung ist in der Urkunde zu erwähnen; die Schriftstücke sind in die Sammelakten aufzunehmen (§ 22 BRB. — B I —).

[6]) Löschung der Eintragung eines Sterbefalls, wenn die Beerdigung vor dieser Eintragung ohne ortspolizeiliche Genehmigung erfolgte: Beschl. d. Obersten Landesgerichts München vom 24. März 1905 (RJ. 6, 31).

Sechster Abschnitt.

Beurkundung des Personenstandes der auf See befindlichen Personen*.

Beurkundung durch den Schiffer.

§ 61. Geburten und Sterbefälle, welche sich auf Seeschiffen während der Reise ereignen, sind nach den Vorschriften dieses Gesetzes spätestens am nächstfolgenden Tage nach der Geburt oder dem Todesfall von dem Schiffer, unter Zuziehung von zwei Schiffsoffizieren oder anderen glaubhaften Personen, in dem Tagebuch zu beurkunden. Bei Sterbefällen ist zugleich die mutmaßliche Ursache des Todes zu vermerken.

---

*) a) Zu vgl. hierzu Nr. 18 der „Zusammenstellung" Anlage III zu der Polizeiverordnung, betr. die Führung und Behandlung des Schiffstagebuchs vom 6. Februar 1904 und die Anweisung dazu (MBl. der Handels- u. Gewerbe-Verw. S. 30).

b) Wegen der Beurkundung der Geburten und Sterbefälle auf Binnenschiffen vgl. Anm. 3 zu § 17 und Anm. 5 zu § 56.

Einreichung beglaubigter Abschriften.

§ 62. Der Schiffer hat zwei von ihm beglaubigte Abschriften der Urkunden demjenigen Seemannsamte, bei dem es zuerst geschehen kann, zu übergeben. Eine dieser Abschriften ist bei dem Seemannsamte aufzubewahren, die andere ist demjenigen Standesbeamten, in dessen Bezirk die Eltern des Kindes, beziehungsweise der Verstorbene ihren Wohnsitz haben oder zuletzt gehabt haben, behufs der Eintragung in das Register zuzufertigen.

Verpflichtung des Steuermanns.

§ 63. Ist der Schiffer verstorben oder verhindert, so hat der Steuermann die in den §§ 61 und 62 dem Schiffer auferlegten Verpflichtungen zu erfüllen.

Vorlegung des Tagebuchs.

§ 64. Sobald das Schiff in den inländischen Hafen eingelaufen ist, in welchem es seine Fahrt beendet, ist das Tagebuch der für den Standesbeamten des Hafenorts zuständigen Aufsichtsbehörde vorzulegen.

Diese hat beglaubigte Abschrift der in das Tagebuch eingetragenen Standesurkunde dem Standesbeamten, in dessen Register der Fall gehört (§ 62), behufs Kontrollierung der Eintragungen zuzustellen.

Siebenter Abschnitt.

Berichtigung der Standesregister.

Gerichtliche Anordnung, Berichtigungsvermerk.

§ 65. Die Berichtigung[1] einer Eintragung in dem Standesregister kann nur auf Grund gerichtlicher Anordnung erfolgen. Sie geschieht durch Beischreibung eines Vermerks am Rande der zu berichtigenden Eintragung[2] [3].

[1]) a) Berichtigung einer Eintragung ist jede Veränderung des Wortlauts einer durch die Unterschrift des Standesbeamten abgeschlossenen Eintragung. Hierunter fallen nicht nur die Abänderungen und Löschungen eines unrichtig beurkundeten Tatumstandes, sondern auch die Ergänzungen unvollständiger Eintragungen durch Zusätze, die Vervollständigung der Eintragung durch Angaben, die nach dem Gesetze aus dem Standesregister hervorgehen sollen, aber nicht aus ihm hervorgehen (Beschl. des KG. vom 25. Mai 1903 — Jahrb. 26, 27, RJ. 4, 6; zu vgl. Beschl. d. KG. vom 4. Oktober 1906 — RJ. 8, 11), und die Änderungen bloßer Schreibfehler, sofern bei letzteren die nach § 18 BRV. zulässige Genehmigung zur Beseitigung derselben durch den Standesbeamten von der Aufsichtsbehörde verweigert worden ist. Auch die Berichtigung unrichtiger Unterschriften bei abgeschlossenen Urkunden ist zulässig, da die Unterschrift der Erschienenen und des Standesbeamten einen Bestandteil der Eintragung bilden (vgl. § 13). Beschl. d. KG. vom 5. November 1909 (Jahrb. 39, 37). Jene Ergänzungen einer Eintragung aber, welche in den Fällen der §§ 22 Abs. 3, 25, 26 und 55 Abs. 2 erforderlich werden, werden vom Gesetze nicht als Berichtigungen im Sinne des § 65 erachtet; sie werden vielmehr auf den Antrag (die Anmeldung) der Beteiligten vorgenommen, vgl. §§ 14 ff. BRV.

b) Fälle des Berichtigungsverfahrens:

α) Ein Fall der Berichtigung liegt auch dann vor, wenn die zufolge einer abgegebenen Erklärung richtig bewirkte Eintragung einen unrichtigen Inhalt hat. Beschl. d. KG. vom 24. Juni 1901 (RJ. 2, 153). Z. B. wenn jemand bei seiner Eheschließung mit der Mutter eines unehelichen Kindes seine Vaterschaft vor dem Standesbeamten anerkannt hat und diese Anerkennung zu der über die Eheschließung vorgenommenen Eintragung beurkundet ist, obgleich der An=

erkennende nicht der Erzeuger des Kindes ist, so kann letzteres berichtigend vermerkt werden. Abweichend RG. Beschl. vom 13. Februar 1908 (RJ. 9, 143). Vgl. auch unten c.

β) Führt ein Nichtpreuße mit Zustimmung der Behörden seines Heimatsstaats einen Namen oder eine Standesbezeichnung, so sind ihm dieser Name und diese Standesbezeichnung in den preußischen Standesregistern beizulegen, ohne daß zu untersuchen ist, ob sie mit Recht geführt werden. Die Eintragung des beanspruchten Namens und der Standesbezeichnung kann im Berichtigungsverfahren beantragt werden. Kann die Bezeichnung den Anschein der Zugehörigkeit zum preußischen Adel erwecken, so ist die Staatsangehörigkeit im Standesregister zum Ausdruck zu bringen. Beschl. d. KG. vom 19. Dezember 1907 (Jahrb. 35, 46).

γ) Auch die unrichtige Schreibweise des Umlauts eines Vokals im Familiennamen (z. B. ö statt oe) berechtigt zum Antrag auf Berichtigung. Beschl. d. KG. vom 7. Januar 1910 (Jahrb. 39, 49).

δ) In Preußen ist die von der Adelsbehörde (dem Kgl. Heroldsamt) über die Zuständigkeit eines preußischen Untertanen zum Adelstand oder zu einer bestimmten Adelsstufe getroffene Entscheidung für die Gerichte bei der Anordnung der Berichtigung einer Eintragung im Standesregister maßgebend. Beschl. d. KG. vom 21. Mai 1908 (Jahrb. 36, 54).

c) Zu den Eintragungen zählen sowohl die selbständigen Eintragungen unter fortlaufender Nummer als auch die Randeintragungen oder Randvermerke. Auch die Berichtigungsrandvermerke können selbst wieder Gegenstand des Berichtigungsverfahrens sein; eine solche Berichtigung in umgekehrter Richtung wird nicht dadurch ausgeschlossen, daß die gerichtliche Anordnung der ersten Berichtigung rechtskräftig ist (Beschl. d. KG. vom 8. März 1906 — Jahrb. 32, 76, RJ. 7, 89). Die gerichtlichen Entscheidungen über die Berichtigung der Standesregister sind der materiellen Rechtskraft auch nicht in dem Sinne fähig, daß in einem neuen Verfahren eine nochmalige Prüfung derselben Tat- oder Rechtsfrage und eine sachlich abweichende Entscheidung, insbesondere die Anordnung der Rückberichtigung eines früher eingetragenen Berichtigungsvermerks nur auf Grund eines neuen tatsächlichen Materials zulässig wäre. — Jede Berichtigung einer Eintragung muß zu einem positiven Ergebnis führen. Der Wegfall eines Berichtigungsvermerks darf nicht in dem Sinne angeordnet werden, daß damit die Richtigkeit oder Unrichtigkeit des ursprünglichen Registerinhalts ins Ungewisse gestellt wird. Beschl. d. KG. vom 1. Oktober 1909 (Jahrb. 39, 41).

d) Ausgeschlossen ist das Berichtigungsverfahren zur Herbeiführung ganzer Eintragungen, deren Anmeldung unterblieben, versäumt ist; in solchen Fällen ist die Anmeldung und Eintragung unter Beachtung der §§ 27, 60 nachzuholen. Auch zum Zwecke des Vermerkes von Veränderungen und Ergänzungen zufolge nachträglicher Vorgänge findet das Berichtigungsverfahren nicht statt. Beschl. d. KG. vom 29. Juni 1905 (Jahrb. 30, 69). — Ist am Rande der Standesregistereintragung über die Geburt eines unehelichen Kindes die Anerkennung der Vaterschaft und die Eheschließung des Vaters mit der Mutter vermerkt, so kann nicht im Berichtigungsverfahren eine Ergänzung dieses Vermerks durch Angabe der Religion des Vaters verlangt werden. Beschl. d. Obersten Landesgerichts München vom 8. Oktober 1906 (KG. 33, 311, RJ. 8, 14).

[2]) Vgl. Form. C 4 und Anm. zu § 20 BRB. (B I).

[3]) a) Das Berichtigungsverfahren findet nur bei Richtigstellung unrichtiger oder unvollständiger Eintragungen im Hauptregister statt; fehlerhafte beglaubigte Abschriften einzelner Standesurkunden kann der Standesbeamte selbst in Übereinstimmung mit den Originalurkunden der Hauptregister bringen; dies gilt insbesondere hinsichtlich der Eintragungen im Nebenregister und zwar ist der Standesbeamte zur Vornahme solcher Richtigstellungen so lange zuständig und verpflichtet, als die Nebenregister von der Aufsichtsbehörde noch nicht

dem Amtsgerichte zur Aufbewahrung eingeschickt sind (vgl. § 14). So auch Beschl. d. KG. v. 5. Novbr. 1909 (Jahrb. 39, 50).

b) Über die Berichtigung offenbarer Schreibfehler vgl. § 18 BAB. (B I).

Berichtigungsverfahren.

§ 66 (Fassung gemäß § 186 FGG.).

Für das Berichtigungsverfahren gelten die nachstehenden Vorschriften.

Die Aufsichtsbehörde[1] hat, wenn ein Antrag auf Berichtigung gestellt wird, oder wenn sie eine solche von Amts wegen für erforderlich erachtet, die Beteiligten zu hören und geeignetenfalls eine Aufforderung durch ein öffentliches Blatt zu erlassen. Die abgeschlossenen Verhandlungen hat sie demnächst dem Gerichte erster Instanz vorzulegen[2]. Dieses kann noch weitere tatsächliche Aufklärungen veranlassen und geeignetenfalls den Antragsteller[3] auf den Prozeßweg verweisen.

Im übrigen finden die für Sachen der nichtstreitigen Gerichtsbarkeit geltenden Vorschriften Anwendung[4].

[1]) Anm. 3 zu § 11.

[2]) Die gerichtliche Anordnung der Berichtigung hat zur wesentlichen Voraussetzung ein vor der Aufsichtsbehörde stattgehabtes Verfahren, in dem mindestens die Beteiligten über die Berichtigung gehört werden müssen. Diese Anhörung der Beteiligten kann nicht durch diejenige vor dem Heroldsamte in einem Verfahren ersetzt werden, bei dem es sich nur um die Berechtigung zur Führung des Adelstitels handelt. Beschl. d. KG. vom 31. Januar 1907 (Jahrb. 34, 75) und vom 21. Dezember 1908 (RJ. 10, 104).

[3]) Nicht die Aufsichtsbehörde, welche die Berichtigung von Amts wegen betreibt (Beschl. d. KG. vom 10. Oktober

1904 — Jahrb. 28, 186). Nach dem Beschl. d. KG. vom 2. März 1905 (KJ. 5, 227) dagegen steht der Aufsichtsbehörde die Befugnis zu, gegen die in dem Verfahren auf Berichtigung einer Eintragung im Standesregister ergehende Entscheidung in solchen Fällen Beschwerde einzulegen, in denen das Gericht die Berichtigung einer Eintragung anordnet, die nach der Ansicht der Aufsichtsbehörde der Berichtigung nicht zu unterliegen hat.

4) Zu vgl. des näheren unten B V. — Ausgeschlossen ist die Beschwerde, nachdem die angeordnete Berichtigung im Standesregister eingetragen ist; die Beseitigung des Berichtigungsvermerks kann nur im Wege eines neuen Berichtigungsverfahrens erreicht werden. Beschl. d. KG. vom 31. Dezember 1908 (KJ. 10, 104).

Achter Abschnitt.

Schlußbestimmungen.

Strafe gegen Geistliche.

§ 67 (Abs. 2 nach Art. 46 Ziff. III EG.BGB.).

Ein Geistlicher oder anderer Religionsdiener[1], welcher zu den religiösen Feierlichkeiten einer Eheschließung[2] schreitet, bevor ihm nachgewiesen[3] worden ist, daß die Ehe vor dem Standesbeamten[4] geschlossen sei, wird mit Geldstrafe bis zu dreihundert Mark oder mit Gefängnis bis zu drei Monaten bestraft[5].

Eine strafbare Handlung ist nicht vorhanden, wenn der Geistliche oder der Religionsdiener im Falle einer lebensgefährlichen, einen Aufschub nicht gestattenden Erkrankung eines der Verlobten zu den religiösen Feierlichkeiten der Eheschließung schreitet[6].

[1]) Es sind Religionsdiener der Dissidenten und Juden gemeint.

[2]) Kirchliches Aufgebot ohne den Nachweis des standesamtlichen Aufgebots ist zulässig.

[3]) Der Nachweis wird insbesondere und in der Regel durch Vorlegung der nach § 54 Abs. 2 zu erteilenden Bescheinigung geführt, kann aber auch in anderer Weise erbracht werden.

[4]) Oder im Ausland in bürgerlich gültiger Weise.

[5]) Zuständig ist die Strafkammer des Landgerichts: § 74 Nr. 4 GVG.

[6]) Zu vgl. § 1316 Abs. 2 BGB. und § 50 des Gesetzes.

Strafe gegen Anzeigepflichtige.

§ 68. Wer den in den §§ 17 bis 20, 22 bis 24, 56 bis 58 vorgeschriebenen Anzeigepflichten nicht nachkommt, wird mit Geldstrafe bis zu einhundertfünfzig Mark oder mit Haft bestraft[1]. Die Strafverfolgung tritt nicht ein, wenn die Anzeige, obwohl nicht von den zunächst Verpflichteten, doch rechtzeitig gemacht worden ist.

Die bezeichnete Strafe trifft auch den Schiffer oder Steuermann, welcher den Vorschriften der §§ 61 bis 64 zuwiderhandelt.

Die Standesbeamten sind außerdem befugt, die zu Anzeigen oder zu sonstigen Handlungen auf Grund dieses Gesetzes Verpflichteten[2] hierzu durch Geldstrafen anzuhalten, welche für jeden einzelnen Fall den Betrag von fünfzehn Mark nicht übersteigen dürfen[3] [4].

[1]) Zuständig ist das Schöffengericht: § 27 GVG. — Unzulässig ist die Festsetzung der Strafe durch (orts-)polizeiliche Strafverfügung (gemäß §§ 453 ff. StPO.); die Bestrafung hat vielmehr durch amtsrichterlichen Strafbefehl (§§ 447 ff. StPO.) oder durch Spruch des Schöffengerichts

zu erfolgen, weshalb die Anzeigen an die Staatsanwaltschaft (den Amtsanwalt) zu richten sind. Verf. d. Min. d. Innern vom 22. August 1903 (BMBl. S. 187).

[2]) In der in §§ 18, 57 angegebenen Reihenfolge.

[3]) Wiederholte Festsetzung der Geldstrafe ist zulässig, aber nicht andere Zwangsmittel.

[4]) Die Verhandlungen sind in die Sammelakten aufzunehmen (§ 22 BRB. — B I —).

Strafe gegen Standesbeamte.

§ 69 (Fassung des Art. 46 Ziff. IV EG.BGB.).

Ein Standesbeamter, welcher unter Außerachtlassung der in diesem Gesetze und in dem Bürgerlichen Gesetzbuche gegebenen Vorschriften eine Eheschließung vollzieht, wird mit Geldstrafe bis zu sechshundert Mark bestraft[1].

[1]) Zuständig ist die Strafkammer des Landgerichts: § 74 Nr. 4 GVG.

Gebühren und Geldstrafen.

§ 70. Gebühren und Geldstrafen, welche in Gemäßheit dieses Gesetzes zur Erhebung gelangen[1], fließen, insoweit die Landesgesetze nicht ein anderes bestimmen, den Gemeinden zu, welche die sächlichen Kosten der Standesämter (§§ 8, 9) zu tragen haben.

[1]) §§ 11 Abs. 2, 27 Abs. 2, 67—69.

Militärpersonen.

§ 71. In welcher Weise die Verrichtungen der Standesbeamten in bezug auf solche Militärpersonen wahrzunehmen sind, welche ihr Standquartier nicht innerhalb des Deutschen Reichs, oder dasselbe nach eingetretener Mobilmachung verlassen haben, oder welche sich auf den in Dienst gestellten Schiffen oder anderen Fahrzeugen der Marine befinden, wird durch Kaiserliche Verordnung bestimmt.

Hierzu: a) Verordnung, betreffend die Verrichtungen der Standesbeamten in bezug auf solche Militärpersonen, welche ihr Standquartier nach eingetretener Mobilmachung verlassen haben, vom 20. Januar 1879 (RGBl. S. 5).

b) Verordnung, betreffend die Verrichtungen der Standesbeamten in bezug auf solche Militärpersonen der Kaiserlichen Marine, welche ihr Standquartier nicht innerhalb des Deutschen Reichs haben oder dasselbe nach eingetretener Mobilmachung verlassen haben, sowie in bezug auf alle Militärpersonen, welche sich auf den in Dienst gestellten Schiffen oder anderen Fahrzeugen der Kaiserlichen Marine befinden, vom 20. Februar 1906 (RGBl. S. 35).

Landesherren usw.

§ 72[1]. Für die Landesherren und die Mitglieder der landesherrlichen Familien, sowie der Fürstlichen Familie Hohenzollern erfolgt die Ernennung des Standesbeamten und die Bestimmung über die Art der Führung und Aufbewahrung der Standesregister durch Anordnung des Landesherrn.

In betreff der Stellvertretung der Verlobten und in betreff des Aufgebots entscheidet die Observanz.

Im übrigen werden in Ansehung der Mitglieder dieser Häuser die auf Hausgesetzen oder Observanz beruhenden Bestimmungen über die Erfordernisse der Eheschließung und über die Gerichtsbarkeit in Ehesachen nicht berührt.

[1]) Aufrecht erhalten durch Art. 57 EG.BGB.

Zeugnisse aus früherer Zeit.

§ 73. Den mit der Führung der Standesregister oder Kirchenbücher bisher betraut gewesenen Behörden und Beamten verbleibt die Berechtigung und Verpflichtung, über die bis zur Wirksamkeit dieses Gesetzes eingetragenen Geburten, Heiraten und Sterbefälle Zeugnisse zu erteilen.

Landesgesetzliche Vorschriften.

§ 74. Unberührt bleiben die landesgesetzlichen Vorschriften, welche

1. Geistlichen und Kirchendienern aus Anlaß der Einführung der bürgerlichen Standesregister und der bürgerlichen Form der Eheschließung einen Anspruch auf Entschädigung gewähren;
2. bestimmten Personen die Pflicht zu Anzeigen von Geburts- und Todesfällen auferlegen.

*) Wo die Zulässigkeit der Ehe nach den bestehenden Landesgesetzen von einem Aufgebote abhängig ist, welches durch andere bürgerliche Beamte als die Standesbeamten vollzogen wird, vertritt dieses die Stelle des von den Standesbeamten anzuordnenden Aufgebots.

Grenzpfarreien.

§ 75 (Fassung des Art. 46 Ziff. V EG.BGB.).

Innerhalb solcher Grenzpfarreien, deren Bezirk sich in das Ausland erstreckt, bleibt das bestehende Recht für die Beurkundung derjenigen Geburten und Sterbefälle,

---

*) Dieser Abs. 2 (bayrischer Vorbehalt) ist infolge der Aufhebung des gemeindlichen Aufgebots durch Art. 154 des bayr. Ausf.-Ges. zum BGB. vom 9. Juni 1899 gegenstandslos geworden.

sowie für die Form und Beurkundung derjenigen Eheschließungen maßgebend, für welche ein Standesbeamter nach den Vorschriften des Bürgerlichen Gesetzbuchs nicht zuständig, dagegen nach dem bestehenden Recht die Zuständigkeit des Geistlichen begründet ist.

Im Geltungsgebiet des preußischen Gesetzes vom 9. März 1874 ist unter dem bestehenden Recht dasjenige Recht zu verstehen, welches vor dem Inkrafttreten jenes Gesetzes maßgebend war.

§ 76*). In streitigen Ehe- und Verlöbnissachen sind die bürgerlichen Gerichte ausschließlich zuständig. Eine geistliche oder eine durch die Zugehörigkeit zu einem Glaubensbekenntnis bedingte Gerichtsbarkeit findet nicht statt.

§ 77*). Wenn nach dem bisherigen Rechte auf beständige Trennung der Ehegatten von Tisch und Bett zu erkennen sein würde, ist fortan die Auflösung des Bandes der Ehe auszusprechen.

Ist vor dem Tage, an welchem dieses Gesetz in Kraft tritt, auf beständige Trennung von Tisch und Bett erkannt worden, so kann, wenn eine Wiedervereinigung der getrennten Ehegatten nicht stattgefunden hat, jeder derselben auf Grund des ergangenen Urteils die Auflösung des Bandes der Ehe im ordentlichen Prozeßverfahren beantragen.

§ 78*). Ehestreitigkeiten, welche in Bayern vor dem Tage, an welchem dieses Gesetz daselbst in Kraft tritt, durch Zustellung des Beschlusses über Zulässigkeit der Klage anhängig geworden sind, werden von dem mit der Sache befaßten Gericht bis zur rechtskräftigen Entscheidung nach Maßgabe der bisher geltenden Gesetze durchgeführt.

Daselbst kann die Auflösung der Ehe auf Grund eines die beständige Trennung von Tisch und Bett verfügenden Urteils geltend gemacht werden, nachdem das Gericht auf

---

*) Die §§ 76 bis 81 haben ihre Bedeutung verloren.

Anrufen eines Ehegatten in dem nach Artikel 675 Absatz 1 und 2 der Prozeßordnung in bürgerlichen Rechtsstreitigkeiten vom 29. April 1869 vorgesehenen Verfahren die Auflösung des Bandes der Ehe ausgesprochen hat.

† Das Verfahren in streitigen Ehesachen richtet sich in Bayern in den rechtsrheinischen Gebietsteilen nach den Bestimmungen des Hauptstückes XXVI der genannten Prozeßordnung, in der Pfalz nach den Bestimmungen des Artikels 69 des Gesetzes über die Einführung dieser Prozeßordnung.

§ 79*). Dieses Gesetz tritt mit dem 1. Januar 1876 in Kraft. Es bleibt den Landesregierungen überlassen, das ganze Gesetz oder auch den dritten Abschnitt und § 77 im Verordnungswege früher einzuführen.

§ 80*). Die vor dem Tage, an welchem dieses Gesetz in Kraft tritt, nach den Vorschriften des bisherigen Rechts ergangenen Aufgebote behalten ihre Wirksamkeit.

§ 81*). Auf Geburts- und Sterbefälle, welche sich vor dem Tage, an welchem dieses Gesetz in Kraft tritt, ereignet haben, an diesem Tage aber noch nicht eingetragen sind, findet das gegenwärtige Gesetz mit der Maßgabe Anwendung, daß der Lauf der vorgeschriebenen Anzeigefristen mit dem Tage beginnt, an welchem dieses Gesetz in Kraft tritt.

Ein gleiches gilt für den Fall, daß auch nur die Vornamen eines Kindes an diesem Tage noch nicht eingetragen sind.

Kirchliche Verpflichtungen.

§ 82. Die kirchlichen Verpflichtungen in Beziehung auf Taufe und Trauung werden durch dieses Gesetz nicht berührt[1].

[1]) Zu vgl. § 1588 BGB.

---

†) Abs. 3 förmlich aufgehoben durch § 13 Abs. 2 bis 6 des EG.ZPO. vom 30. Januar 1877 (RGBl. S. 244).

Zusatz. Verfügung des Ministers des Innern, betr. die Hinweise auf die Verpflichtung zur kirchlichen Eheschließung und zur Taufe, vom 21. Januar 1902 (BMBl. S. 28).

Durch die Allg. Verf. vom 5. März 1897 (BMBl. S. 51) ist angeordnet worden, daß

1. die Vorschrift des § 82 des Reichsges. vom 6. Febr. 1875 auf den Formularen zu den Bescheinigungen über das Eheaufgebot (§ 9 BRB. — B I —), über die Eheschließung (§ 45 des Ges.) und zum Zwecke der Taufe (Gebührentarif I) durch Abdruck ihres Wortlautes am Fußende der Formulare in Erinnerung zu bringen ist;
2. die Standesbeamten bei Aufnahme der Verhandlungen über Aufgebot, Eheschließungen und Geburten die Beteiligten auf ihre kirchlichen Verpflichtungen hinzuweisen haben.

Obwohl infolge dieser Anordnung eine Vermehrung der Zahl der Taufen und kirchlichen Trauungen erwartet werden durfte, haben die neuesten Erhebungen einen wenn auch noch geringen Rückgang des Prozentsatzes der Taufen und Trauungen wenigstens in der evangelischen Kirche ergeben.

Dieser Umstand in Verbindung mit der Beobachtung, daß der Erlaß vom 5. März 1897 nachweislich nicht überall ausreichende Beachtung findet, gibt mir Veranlassung, denselben in Erinnerung zu bringen. Insbesondere ist festgestellt worden, daß seitens einzelner Standesbeamten Formulare der oben gedachten Art verwendet werden, auf denen der Wortlaut des § 82 PStG. teils überhaupt nicht erwähnt, teils, wenn erwähnt, doch nicht abgedruckt ist.

Durch die Verf. d. Min. d. Inn. vom 30. April 1902 (BMBl. S. 83) werden Formulare für die Bescheinigungen mitgeteilt. Zu vgl. dazu noch Anm. 1 zu I des Gebührentarifs.

Erlaß von Ausführungsbestimmungen.

§ 83. Die zur Ausführung dieses Gesetzes erforderlichen Bestimmungen werden, soweit dieselben nicht durch eine vom Bundesrate erlassene Ausführungsverordnung getroffen werden, von den einzelnen Landesregierungen erlassen.

Die vom Bundesrat erlassene Ausführungsverordnung, durch die Bekanntmachung des Reichskanzlers vom 25. März 1899 im RGBl. S. 225 mitgeteilt, ist unter B I abgedruckt.

Bekanntmachung der zuständigen Behörden.

§ 84. Welche Behörde in jedem Bundesstaate unter der Bezeichnung: höhere Verwaltungsbehörde, untere Verwaltungsbehörde, Gemeindebehörde, Gemeindevorstand, Gericht erster Instanz zu verstehen sind, wird von der Zentralbehörde des Bundesstaates bekannt gemacht.

Bekanntmachung (des Justizministers und des Ministers des Innern) betreffend einige nach Einführung des Bürgerlichen Gesetzbuchs eintretende Veränderungen in Angelegenheiten der Beurkundung des Personenstandes vom 17. Oktober 1899 (BMBl. S. 189)*).

In Ausführung des § 84 des Reichsgesetzes vom 6. Februar 1875, betreffend die Beurkundung des Personenstandes und die Eheschließung (RGBl. S. 93) wird hierdurch mit Geltung vom 1. Januar 1900 an folgendes bekanntgemacht:

1*). Die **höhere Verwaltungsbehörde**, der nach §§ 2 bis 6 die Bildung der Standesamtsbezirke, die Bestellung

---

*) Die Bestimmungen unter Nr. 1 haben durch die Verfügung des Justizministers und des Ministers des Innern, betr. die Genehmigung zur Bildung der Standesamtsbezirke, Bestellung der Standesbeamten und stellvertretenden Standesbeamten, vom 23. Februar 1910 (BMBl. S. 53) die im Text mitgeteilte Fassung erhalten. Früher war der Oberpräsident, in den Hohenzollernschen Landen der Regierungspräsident zuständig.

der Standesbeamten und stellvertretenden Standesbeamten, sowie die Erteilung der im § 4 Absatz 1 und 2 erwähnten Genehmigung zusteht, ist der Regierungspräsident, im Stadtkreise Berlin der Oberpräsident.

2. Die **untere Verwaltungsbehörde**, welche die nach § 7 dem Standesbeamten von den Außengemeinden zu gewährende Vergütung und den von diesen zu tragenden Anteil an den sächlichen Kosten festzusetzen hat, ist in den Stadtgemeinden die Gemeindevertretung, in den Landgemeinden und Gutsbezirken der Kreisausschuß, in den Hohenzollernschen Landen der Amtsausschuß.

Die höhere Verwaltungsbehörde, die über Beschwerden wegen dieser Festsetzung endgültig zu entscheiden hat, ist der Bezirksausschuß.

(Zu vgl. § 154 Absatz 3 des Zuständigkeitsges. vom 1. August 1883.)

3. Die **untere bzw. höhere Verwaltungsbehörde**, die nach § 11 die Aufsicht über die Amtsführung der Standesbeamten auszuüben hat, ist in den Landgemeinden und Gutsbezirken der Landrat als Vorsitzender des Kreisausschusses, in den Hohenzollernschen Landen der Oberamtmann als Vorsitzender des Amtsausschusses, in höherer Instanz der Regierungspräsident und der Minister des Innern; in den Stadtgemeinden der Regierungspräsident, in höherer Instanz der Oberpräsident und der Minister des Innern; im Stadtkreise Berlin der Oberpräsident, in höherer Instanz der Minister des Innern. — (Zu vgl. § 154 Abs. 1 des Zuständigkeitsgesetzes vom 1. August 1883.)

4. **Vorsteher der Gemeinde** im Sinne des § 4 Abs. 1 ist in den Gemeinden mit kollegialischem Vorstande der Bürgermeister als dessen Vorsitzender.

5. Als die **Gemeindebehörde**, die nach § 4 Abs. 2 die Anstellung besonderer Standesbeamten beschließen kann,

ist diejenige Gemeindebehörde zu betrachten, welche über die Einrichtung neuer Gemeindeämter zu beschließen hat.

6. **Gemeindevorstand** (§ 4 Abs. 2) ist in den Gemeinden mit kollegialischem Gemeindevorstande der Magistrat (Stadtrat, Gemeinderat usw.), in anderen Gemeinden der Bürgermeister (Schultheiß, Ortsvorsteher usw.).

7. Als **Gericht erster Instanz** für die Anweisung der Standesbeamten zur Vornahme einer abgelehnten Amtshandlung (§ 11 Abs. 3) sowie für die Anordnung der Berichtigung einer Eintragung (§§ 65, 66) ist das Amtsgericht zuständig, in dessen Bezirke der Standesbeamte seinen Amtssitz hat. — Zu vgl. § 69 FGG.

Dasselbe Amtsgericht ist auch für die Aufbewahrung der Nebenregister (§ 14 Abs. 2) zuständig, sofern nicht der Justizminister in Übereinstimmung mit dem Minister des Innern ein anderes Amtsgericht mit der Aufbewahrung beauftragt hat.

Eheschließung im Auslande.

§ 85. Durch dieses Gesetz werden die Bestimmungen des Gesetzes vom 4. Mai 1870, betreffend die Eheschließung und die Beurkundung des Personenstandes von Reichsangehörigen im Auslande, nicht berührt.

Der Reichskanzler kann einem diplomatischen Vertreter oder einem Konsul des Deutschen Reiches die allgemeine Ermächtigung zur Vornahme von Eheschließungen und zur Beurkundung der Geburten, Heiraten und Sterbefälle, wie für Reichsangehörige, so auch für Schutzgenossen erteilen. Diese Vorschrift tritt mit dem 1. März 1875 in Kraft.

Urkundlich unter Unserer Höchsteigenhändigen Unterschrift und beigedrucktem Kaiserlichen Insiegel.

Gegeben Berlin, den 6. Februar 1875.

(L. S.) **Wilhelm.**

Fürst v. Bismarck.

Gebührentarif.

I. Gebührenfrei sind die nach §§ 49 und 54 oder zum Zwecke der Taufe[1] oder der Beerdigung erteilten Bescheinigungen.

II. An Gebühren kommen zum Ansatz:

1. für Vorlegung der Register zur Einsicht, und zwar für jeden Jahrgang . . . . eine halbe Mark,

   für mehrere Jahrgänge zusammen jedoch höchstens . . . . ein und eine halbe Mark,

2. für die schriftliche Ermächtigung nach § 43 (jetzt: § 1321 BGB.) und für jeden beglaubigten Auszug[2] aus den Registern mit Einschluß der Schreibgebühren . . eine halbe Mark.

---

[1]) In die zum Zwecke der Taufe ausgestellten Bescheinigungen über Eintragung eines Geburtsfalls (vgl. Zus. zu § 82) ist ein Vermerk über den Bekenntnisstand der Eltern aufzunehmen. Verf. d. Min. d. Inn. vom 28. November 1904 (BMBl. S. 274).

[2]) Der nachträgliche Vermerk einer am Rande des Standesregisters bewirkten Eintragung auf einem bereits früher erteilten Auszuge ist als ein selbständiger Auszug aus dem Standesregister anzusehen und besonders zu beglaubigen. Für die Ausfertigung des Vermerks sind daher die nach dem Gebührentarif für jeden beglaubigten Auszug aus dem Register festgesetzten Gebühren von 50 Pf. zu entrichten (Verf. d. Min. d. Inn. vom 6. Dezember 1900, BMBl. 1901 S. 1).

Bezieht sich der Auszug auf mehrere Eintragungen und erfordert derselbe das Nachschlagen von mehr als einem Jahrgange der Register, für jeden weiter nachzuschlagenden Jahrgang noch	eine halbe Mark,
jedoch zusammen höchstens . . .	zwei Mark.

B.

Ausführungsbestimmungen.

I. Register- und Geschäftsführung.

Bekanntmachung, betr. Vorschriften zur Ausführung des Gesetzes über die Beurkundung des Personenstandes und die Eheschließung, vom 25. März 1899 (RGBl. S. 225)[1].

Auf Grund des § 83 des Gesetzes über die Beurkundung des Personenstandes und die Eheschließung vom 6. Februar 1875 hat der Bundesrat die nachstehenden Vorschriften zur Ausführung des Gesetzes über die Beurkundung des Personenstandes und die Eheschließung

---

[1]) a) Die beigegebenen Erläuterungen sind, sofern nicht etwas anderes angegeben ist, dem vom Ausschusse des Bundesrats für Justizwesen über die Aufführungsverordnung erstatteten Berichte entnommen.

b) Über die Zuständigkeit der Standesbeamten bei Teilung eines Standesamtsbezirks ist die in Anm. 6 zu § 15 des Gesetzes mitgeteilte Verf. d. Min. d. Inn. vom 24. Juli 1906 zu vergleichen.

beschlossen, welche an die Stelle der Verordnungen vom 22. Juni 1875 und vom 10. März 1892 treten:

§ 1. Die Standesregister (§ 12 des Gesetzes) sind nach den Formularen A, B, C, und zwar

das Geburtsregister nach dem Formular A,

das Heiratsregister nach dem Formular B,

das Sterberegister nach dem Formular C

zu führen.

Die Formulare sind für die Gestalt der Standesregister maßgebend. Die Größe der Blätter soll in der Höhe $40\frac{1}{2}$, in der Breite $25\frac{1}{2}$ Zentimeter betragen. In dem Geburts- und Sterberegister ist jedes Blatt auf der Vorderseite und auf der Rückseite zu bedrucken; das Heiratsregister ist so einzurichten, daß jede Eintragung auf zwei gegenüberstehenden Seiten erfolgt.

Abweichend von dem Geburts- und Sterberegister ist das Heiratsregister so eingerichtet, daß jede Eintragung auf zwei gegenüberstehenden Seiten erfolgt; hiernach kann die erste und die letzte Seite des Heiratsregisters zu Eintragungen nicht verwendet werden.

Der Vordruck des Formulars B entspricht den §§ 1317, 1318 BGB., welche die Form der Eheschließung bestimmen. Daß Frage, Antwort und Ausspruch den gesetzlichen Vorschriften gemäß bei gleichzeitiger Anwesenheit der Verlobten und in Gegenwart der Zeugen erfolgt sei, ist in dem Vordrucke nicht besonders hervorgehoben, weil dieser Umstand aus dem übrigen Inhalte der Urkunde klar erhellt.

§ 2. Die Formulare zu den Nebenregistern (§ 14 Abs. 1 des Gesetzes) sind im Vordruck am Schlusse mit folgendem Beglaubigungsvermerke zu versehen:

Die Übereinstimmung mit dem Hauptregister beglaubigt

am .... 19..........

der Standesbeamte

Im übrigen gelten die Vorschriften des § 1 auch für die Nebenregister.

§ 3. Der nach Ablauf des Kalenderjahres vorzunehmende Abschluß des Haupt- und Nebenregisters (§ 14 Abs. 2 des Gesetzes) erfolgt auf der Seite, welche der letzten Eintragung folgt. Zu Eintragungen darf diese Seite nicht verwendet werden; ihr Vordruck ist zu durchstreichen.

Steht die letzte Eintragung auf der letzten Registerseite, so erfolgt der Abschluß auf dieser Seite.

Zufolge § 14 Abs. 2 des Ges. hat der Standesbeamte nach Ablauf des Kalenderjahrs jedes Haupt- und jedes Nebenregister unter Vermerkung der Zahl der darin enthaltenen Eintragungen abzuschließen. Im § 3 der Vorschriften ist bestimmt, auf welcher Seite dieser Abschluß erfolgen soll. Kann hierzu eine freie Registerseite benutzt werden, wie sie im Heiratsregister stets vorhanden ist (vgl. die Erläuterungen zu § 1), so empfiehlt es sich, den Vermerk oben auf den Rand zu setzen. Ist keine freie Seite übrig, so wird der Vermerk in der Regel unten am Rande den geeigneten Platz finden, während der obere Teil für etwaige sachliche Randvermerke freizulassen ist. Daß der Abschluß des Nebenregisters für jeden Jahrgang an der nämlichen Stelle erfolgt, wie der des Hauptregisters, ist nicht notwendig; vielmehr bestimmt sich die Stelle allein nach den Raumverhältnissen im Nebenregister.

Übrigens sind die Geburts- und Sterberegister mit der letzten Eintragung abzuschließen, welche in dem Kalenderjahre vorgenommen wird; alle später zur Anzeige gelangenden Geburts- und Sterbefälle werden demnach, auch wenn sie noch vor dem Jahresschluß eingetreten sind, in den nächsten Jahrgang des Registers eingetragen.

§ 4. Muß im Laufe des Kalenderjahres ein neuer Registerband angefangen werden, so ist der alte Band unter Vermerkung der Zahl der darin enthaltenen Eintragungen und unter Verweisung auf den neuen Band abzuschließen; die Vorschriften des § 3 finden entsprechende Anwendung.

In dem mit der nächsten Nummer der Eintragungen beginnenden neuen Bande ist auf der ersten Seite auf den alten Band zu verweisen. Zu Eintragungen darf diese Seite nicht verwendet werden; ihr Vordruck ist zu durchstreichen.

Stellt sich die Notwendigkeit, einen neuen Band zu beginnen, im laufenden Kalenderjahre heraus, bevor die letzte Registerseite des alten Bandes zu einer Eintragung benutzt ist, so ist diese Seite stets für den Abschlußvermerk freizulassen.

Für die Verweisung auf den alten Band, mit welcher der neue beginnen soll, ist eine bestimmte Form nicht vorgesehen. Es genügt, wenn der neue Band oben am Rande der ersten Seite als Fortsetzung des betreffenden Jahrganges bezeichnet wird.

Wird nur im Hauptregister ein neuer Band begonnen, so sind die im § 4 der Vorschriften bezeichneten Vermerke in das Nebenregister nicht zu übertragen.

§ 5. In kleineren Standesamtsbezirken kann das Hauptregister für mehrere Jahrgänge in einem gemeinschaftlichen Bande geführt werden.

1. Die Bestimmung stellt klar, daß in kleineren Standesamtsbezirken für mehrere Jahrgänge des Hauptregisters von vornherein ein gemeinschaftlicher Band angelegt oder der bisherige Band, wenn er am Jahresschlusse noch genügenden Raum aufweist, weiter benutzt werden darf. Hinsichtlich der näheren Voraussetzungen, unter denen der Standesbeamte von dieser Befugnis Gebrauch zu machen hat, sowie in betreff

der nachträglichen Vereinigung mehrerer Jahrgänge des Haupt- oder Nebenregisters in einem Bande sind die Anordnungen der Landesregierungen maßgebend — vgl. 2. —

2. Da die Nebenregister alljährlich den Amtsgerichten einzureichen sind (§ 14 des Ges.), können nicht mehrere Jahrgänge derselben in einem gemeinschaftlichen Bande geführt werden. Nach einem Min.-Erlaß vom 26. Juni 1877 ist es aber zulässig, bei kleineren Standesämtern die Nebenregister ungebunden, in einem besonderen, mit der nötigen Aufschrift versehenen Umschlage geheftet, der Aufsichtsbehörde behufs Abgabe an das Gericht einzureichen.

§ 6. Für die Gestalt der Registerauszüge (§ 8, § 15 Abs. 2 des Gesetzes) sind die Formulare Aa, Bb, Cc maßgebend. Ihre Größe soll in der Höhe 33, in der Breite 21 Zentimeter betragen.

Zusätze.

1. Über vereinfachte Bescheinigungen und Auszüge in abgekürzter Form, welche in Militärersatzangelegenheiten, ferner in Versicherungsangelegenheiten nach den Krankenversicherungs- und den Alters- und Invaliditätsversicherungsgesetzen, in Sachen der Hinterbliebenenfürsorge, für Schul-, Unterrichts- und Konfirmationszwecke zulässig sind, vgl. die Min.-Erlasse vom 27. Juli 1892 (BMBl. S. 340), vom 1. Januar und 18. August 1893, 1. September 1898, 14. Juni 1899, vom 23. Februar und 3. Juni 1903, vom 4. November 1909 (BMBl. 1893 S. 36, 236, 1898 S. 251, 1899 S. 104, 1903 S. 27, 120, 1909 S. 228).

2. a) Verfügung des Justizministers, des Ministers des Innern und der geistlichen usw. Angelegenheiten, betr. Geburtsurkunden für die durch nachfolgende Ehe legitimierten Kinder, vom 24. Februar 1905 (BMBl. S. 40).

In neuerer Zeit ist vielfach über die Mißstände geklagt worden, welche sich für die durch nachfolgende Ehe legitimierten Kinder und deren Eltern daraus ergeben, daß die von den Standesbeamten gemäß §§ 15, 16 des PStG. zu erteilenden Auszüge aus dem Geburtsregister die uneheliche Geburt der Kinder erkennen lassen. Da es wünschenswert erscheint, die Härten tunlichst zu beseitigen, welche sich aus dem Bekanntwerden der unehelichen Abstammung ergeben können, werden die Standesbeamten hierdurch ermächtigt, für Schul- und Unterrichtszwecke einschließlich des Konfirmationsunterrichts auf ausdrücklichen Antrag der Beteiligten statt der „Auszüge" aus dem Geburtsregister bloße „Geburtsscheine" nach folgendem Formular auszustellen:

Geburtsschein

nur gültig für Schul- und Unterrichtszwecke, einschließlich des Konfirmationsunterrichts.

Vor- und Zuname:

Geburtstag und Ort:

Vor- und Zuname sowie Stand des Vaters:

Vor- und Zuname der Mutter:

(Ort) (Datum)

(Siegel)

Der Standesbeamte.

(Unterschrift.)

Hierzu bemerken wir:

a) Die für die Angabe des Vaters bestimmte Rubrik ist auszufüllen, wenn das Kind

α) ehelich ist (BGB. §§ 1591 ff.), oder

β) durch nachfolgende Ehe legitimiert ist (BGB. §§ 1719 ff.), oder

γ) für ehelich erklärt ist (BGB. §§ 1723 ff.), oder

δ) von einem Manne an Kindes Statt angenommen ist (BGB. §§ 1741 ff.).

b) In die bezeichnete Rubrik ist dagegen nicht aufzunehmen,

α) wer nur im Sinne der §§ 1708 bis 1716 BGB. als Vater eines unehelichen Kindes gilt (BGB. §§ 1717, 1718),

β) wer nur dem unehelichen Kinde seiner Ehefrau seinen Namen erteilt hat (BGB. § 1706).

c) Im Falle der Annahme an Kindes Statt sind anstatt der leiblichen Eltern der Annehmende oder die Annehmenden aufzuführen und als solche zu bezeichnen (BGB. § 1757).

Für die Geburtsscheine sind dieselben Gebührensätze zu erheben, wie solche nach dem Gebührentarif zum Personenstandsgesetze bisher für die beglaubigten Auszüge aus den Geburtsregistern zu zahlen sind. Die Erteilung der Geburtsscheine ist jedoch gebührenfrei zu gewähren, insoweit sie im amtlichen Interesse und bei Unvermögen des Beteiligten erfolgt (vgl. § 16 Abs. 2 PStG.). Die Formulare zu den Geburtsscheinen sind den Gemeinden auf Staatskosten zu liefern.

Wird die Ausstellung von Geburtsscheinen statt der Registerauszüge für andere Zwecke beantragt, als für Schul- und Unterrichtszwecke, so hat der Standesbeamte die Genehmigung des Oberpräsidenten nachzusuchen — vgl. b.

b) Verfügung der Minister der Justiz, der geistlichen usw. Angelegenheiten und des Innern, betr. die Zulassung der für Schul- und Unterrichtszwecke eingeführten abgekürzten Geburtsscheine auch für Zwecke der Eheschließung, vom 26. Juli 1905 (BMBl. S. 130).

Bei Auslegung unseres Erlasses vom 24. Februar d. J. — a) — sind Zweifel darüber entstanden, ob sich die Zulassung der für Schul- und Unterrichtszwecke eingeführten abgekürzten Geburtsscheine auch für Zwecke der Eheschließung empfiehlt.

Diese Frage wird in der Regel zu verneinen sein. Denn abgesehen davon, daß bei Vorlegung derartiger Bescheinigungen eine zuverlässige Prüfung der Personenstandsverhältnisse der Verlobten seitens des Standesbeamten ausgeschlossen erscheint, ist ein solches Verfahren geeignet, eine Täuschung des einen Verlobten über die voreheliche Geburt des anderen zu erleichtern, und hierzu darf der Staat die Gelegenheit nicht bieten. — —

Das Interesse an der Erhaltung der elterlichen Autorität und an der sittlichen Entwicklung des Kindes erscheint im allgemeinen genügend gewahrt, wenn nur verhütet wird, daß das Kind vor Erlangung der körperlichen und geistigen Reife über seine voreheliche Geburt aufgeklärt wird.

Die Ausstellung der abgekürzten Geburtsscheine für Zwecke der Eheschließung ist hiernach regelmäßig nicht zu gestatten.

Nur in besonderen Ausnahmefällen, in welchen festgestellt ist, daß obige Bedenken nicht zutreffen und daß namentlich der andere Nupturient von dem wahren Sachverhalt unterrichtet ist, wird auch für Zwecke der Eheschließung die Ausstellung eines Geburtsscheins genehmigt werden können.

§ 7. Die im § 54 Abs. 2 des Gesetzes vorgeschriebene Bescheinigung über die erfolgte Eheschließung ist nach dem Formular D auszustellen.

Das Aufgebot, welches nach § 1316 des Bürgerlichen Gesetzbuchs der Eheschließung vorhergehen soll, ist nach dem Formular E anzuordnen.

Die Ermächtigung des zuständigen Standesbeamten zur Eheschließung vor dem Standesbeamten eines anderen Bezirkes (§ 1321 des Bürgerlichen Gesetzbuchs) nebst der Bescheinigung über das erfolgte Aufgebot (§ 49 des Gesetzes) ist nach dem Formular F zu erteilen.

Soll, nachdem einer von mehreren zuständigen Standesbeamten (§ 1320 Abs. 2 des Bürgerlichen Gesetzbuchs) das Aufgebot angeordnet hat, die Eheschließung vor einem anderen der zuständigen Beamten erfolgen, so ist für die Erteilung der Bescheinigung über das erfolgte Aufgebot das Formular F mit der Maßgabe zu verwenden, daß der Vordruck für die Ermächtigung zur Eheschließung durchstrichen wird.

Das nach dem Formular E anzuordnende Aufgebot kann gemäß § 44 des Ges. in der Fassung des Art. 46 EG.BGB. von jedem Standesbeamten erlassen werden, vor dem nach § 1320 BGB. die Ehe geschlossen werden darf. Der Standesbeamte, von welchem das Aufgebot angeordnet worden ist, hat sodann die nach dem Formular F zu erteilende Bescheinigung über das erfolgte Aufgebot in allen Fällen auszustellen, in denen die Ehe vor einem anderen Standesbeamten geschlossen werden soll. Dagegen darf er den in diesem Formular enthaltenen Vordruck für die Ermächtigung zur Eheschließung nur ausfüllen, wenn die Voraussetzungen, welche seine Zuständigkeit zur Eheschließung begründen, noch bei Erteilung der Bescheinigung vorliegen und andererseits der Standesbeamte, vor welchem die Ehe geschlossen werden soll, an sich nicht zuständig ist.

§ 8. Neben den Registern und den Formularen zu den Registerauszügen (§ 8 des Gesetzes) werden auch die Formulare D, E und F den Gemeinden kostenfrei geliefert.

§ 9. Verlobten ist auf Verlangen von dem Standesbeamten eine Bescheinigung über das angeordnete Aufgebot kostenfrei zu erteilen[1].

[1]) Wegen Abdrucks des Wortlauts des § 82 des Gesetzes auf dieser Bescheinigung vgl. Verf. vom 21. Januar 1902 — s. zu § 82 d. Ges.

§ 10. Ist ein Erschienener stumm oder sonst am Sprechen verhindert oder taub und ist eine schriftliche

Verständigung mit ihm nicht möglich, so soll bei der Anzeige oder der Eheschließung sowie bei der Eintragung ein Dolmetscher zugezogen werden. Auf den Dolmetscher finden die nach § 1318 Abs. 2 des Bürgerlichen Gesetzbuchs für einen Zeugen geltenden Vorschriften entsprechende Anwendung. Der Standesbeamte soll dem Dolmetscher die Versicherung an Eidesstatt abnehmen, daß er treu und gewissenhaft übertragen werde; ist der Dolmetscher für Übertragungen der betreffenden Art im allgemeinen vereidet, so genügt die Berufung auf den geleisteten Eid.

Die Eintragung soll von dem Dolmetscher genehmigt und unterschrieben werden.

1. Ist mit einer stummen oder sonst am Sprechen verhinderten oder tauben Person eine schriftliche Verständigung möglich, so gelten für die Verhandlung mit ihr lediglich die allgemeinen Vorschriften; nur ist dem Tauben die Eintragung nicht vorzulesen (§ 13 Abs. 2 Nr. 4 des Ges.), sondern zur Durchsicht vorzulegen. Auch für die Fälle, in denen ein Erschienener blind ist, sind besondere Förmlichkeiten nicht vorgeschrieben; es ist hier ebenso zu verfahren, wie in den Fällen, in denen der Erschienene aus anderen Gründen nicht schreiben kann (§ 13 Abs. 2 Nr. 5 des Gesetzes).

In betreff der Fähigkeit einer Person zur Mitwirkung als Dolmetscher finden die nach § 1318 Abs. 2 BGB. für einen Zeugen geltenden Vorschriften entsprechende Anwendung. Der Dolmetscher soll demnach volljährig und im Besitze der bürgerlichen Ehrenrechte sein. Dagegen steht Verwandtschaft oder Schwägerschaft des Dolmetschers mit dem Standesbeamten oder mit einem der Erschienenen der Zuziehung nicht entgegen.

Die im § 10 Abs. 1 Satz 3 vorgeschriebene eidesstattliche Versicherung hat der Standesbeamte dem Dolmetscher bei

Beginn der Verhandlung abzunehmen. Ein Verzicht der Beteiligten auf die Abnahme der eidesstattlichen Versicherung ist nicht zugelassen. Die Versicherung soll vielmehr nur dann unterbleiben, wenn der Dolmetscher nach Maßgabe landesrechtlicher Vorschriften für Übertragungen der betreffenden Art im allgemeinen vereidet ist; aus dem Landesrecht ist auch die Frage zu beantworten, ob ein vor einer anderen Behörde, insbesondere vor Gericht geleisteter Dolmetschereid sich auf die Verhandlungen vor dem Standesbeamten erstreckt. (In Preußen ist nach § 10 Abs. 3 der Allg. Verf. vom 5. Febr. 1900 — JMBl. S. 48 — angeordnet, daß bei der allgemeinen Beeidigung der für die Gerichte bestimmten Dolmetscher die Beeidigung auch auf die Standesämter erstreckt werden kann: vgl. Verf. des Min. des Inn. vom 3. März 1900 — JMBl. S. 130 —).

Neben den besonderen Vorschriften der §§ 10, 11 sind die allgemeinen Bestimmungen des Gesetzes gleichfalls zu beobachten. Insbesondere ist die Eintragung auch von demjenigen, mit welchem unter Zuziehung des Dolmetschers verhandelt worden ist, zu genehmigen und zu unterschreiben oder mit einem Handzeichen zu versehen.

2. Die Kosten für Dolmetscher hat die Staatskasse zu tragen, auch die für einen zugezogenen Taubstummenlehrer. Aber nur die Gebühren, die dem Dolmetscher für die Assistenz bei dem Akte selbst gewährt werden, fallen hierher, die Gebühren, welche die Beteiligten einem Dolmetscher dafür zu zahlen haben, daß fremdsprachliche Urkunden, die sie beizubringen haben, ins Deutsche übersetzt sind, haben sie selbst zu tragen (Min. Verff. vom 23. September 1874, 15. Dezember 1879, 13. Juli 1878 — BMBl. 1874 S. 195, 1880 S. 26, 1878 S. 142). — Falls die Zuziehung eines Lehrers einer Provinzial-Taubstummenanstalt als Dolmetscher erforderlich werden sollte, ist mit diesem rechtzeitig zu vereinbaren, daß für die ihm zu zahlende Entschädigung die Sätze des Erlasses vom 26. Februar 1903 (BMBl. S. 33) zugrunde

gelegt werden (Verf. d. Min. d. Inn. vom 5. September 1909 — BMBl. S. 194).

§ 11. Die Standesregister sind in deutscher Sprache zu führen[1].

Ist ein Erschienener der deutschen Sprache nicht mächtig, so finden die Vorschriften des § 10 Anwendung[2]; der Zuziehung des Dolmetschers bedarf es jedoch nicht, wenn der Standesbeamte der Sprache, in der sich der Erschienene erklärt, mächtig ist.

Die Eintragung soll dem der deutschen Sprache nicht mächtigen Erschienenen durch den Dolmetscher oder, wenn der Dolmetscher nicht zugezogen worden ist, durch den Standesbeamten in der fremden Sprache vorgetragen werden und die Feststellung enthalten, daß dies geschehen ist.

Zusätze.

[1]) Namen, für die eine deutsche und eine fremdsprachliche Form besteht, sind in der deutschen Form in das Standesregister einzutragen, unbeschadet der Verpflichtung des Standesbeamten, nach Maßgabe der geltenden Verwaltungsvorschriften (Allg. Verf. vom 11. März 1898 — BMBl. S. 58) die fremdsprachliche Form durch einen in Klammern zu setzenden Zusatz zu vermerken (Beschl. d. KG. vom 11. Juni 1900 — Jahrb. 20, 252).

[2]) Vgl. Zus. zu § 10.

§ 12. Erfolgt die Eintragung eines Geburts- oder Sterbefalles auf Grund der schriftlichen Anzeige oder Mitteilung einer Behörde (§§ 20, 24, 58, 62 des Gesetzes), so ist in der Eintragung auf die Anzeige oder Mitteilung Bezug zu nehmen.

§ 13. Soweit die Beurkundung einer Tatsache innerhalb des ihr nach dem Vordrucke zukommenden

Raumes nicht erfolgen kann, ist sie am Rande vorzunehmen.

In den Fällen des § 12 dieser Vorschriften und des § 23 des Gesetzes ist der Vordruck nur insoweit zu benutzen, als ein zusammenhängender Teil des Vordrucks zweckmäßigerweise verwendet werden kann; im übrigen ist der Vordruck zu durchstreichen und die Eintragung am Rande vorzunehmen.

Wird nach den vorstehenden Bestimmungen eine Eintragung zum Teil am Rande vorgenommen, so ist der Zusammenhang mit dem innerhalb des Vordrucks stehenden Teile kenntlich zu machen. Die Anzahl der am Rande geschriebenen Zeilen ist am Schlusse der Eintragung zu vermerken.

Ist in den Fällen des Abs. 2 der Vordruck ganz unbenutzt geblieben, so dürfen bei der Erteilung von Registerauszügen die für die Auszüge bestimmten Formulare nicht verwendet werden.

Der Standesbeamte hat die Beurkundung der Geburten, Eheschließungen und Sterbefälle durch Ausfüllung des Vordrucks der Register zu bewirken. Erweist sich der Zwischenraum als unzureichend, sei es weil besonders lange Angaben einzutragen sind, sei es weil für eine Tatsache an der ihr nach dem Zusammenhange der Eintragung zukommenden Stelle ein Raum überhaupt nicht vorgesehen ist, so ist die Eintragung nach Anleitung der beigefügten Muster A 3 und C 1 unter Zuhilfenahme des Randes zu bewerkstelligen.

Von der Benutzung des Vordrucks darf der Standesbeamte nur dann absehen, wenn die Eintragung eines Geburts- oder Sterbefalls auf Grund der schriftlichen Anzeige oder Mitteilung einer Behörde zu erfolgen hat (§§ 20, 24, 58, 62 des Ges.), sowie wenn eine Anzeige in betreff eines totgeborenen oder in der Geburt verstorbenen Kindes im

Sterberegister zu beurkunden ist (§ 23 des Ges.). Auch in den bezeichneten Fällen ist jedoch die Benutzung des Vordrucks insoweit gestattet, als ein zusammenhängender Teil zweckmäßig Verwendung finden kann. Um den Rand für nachträgliche Vermerke möglichst frei zu lassen und das eigene Schreibwerk zu vermindern, werden die Standesbeamten auf eine solche Benutzung, soweit irgend angängig, Bedacht zu nehmen haben. Dieses Bestreben darf indessen nicht dahin führen, daß die Übersichtlichkeit der Eintragung leidet oder daß in einen Zwischenraum des Vordrucks Angaben eingetragen werden, für die der Raum nicht bestimmt ist. Beispiele für eine geeignete Ausnutzung des Vordrucks bieten die Muster A 4, C 3 und C 4.

Ist eine Eintragung zum Teil am Rande vorgenommen, so muß besondere Sorgfalt darauf verwendet werden, daß der Zusammenhang mit dem innerhalb des Vordrucks stehenden Teile kenntlich ist. Die Muster A 3, C 1 und C 3 machen ersichtlich, in welcher Weise dies geschehen kann.

§ 14. Erkennt bei der Anzeige der Geburt eines unehelichen Kindes der Anzeigende oder ein mit dem Anzeigenden Erschienener seine Vaterschaft vor dem Standesbeamten an, so hat dieser die Anerkennung in der über den Geburtsfall vorgenommenen Eintragung zu beurkunden*.

*) Wird die Anerkennung vor dem Standesbeamten erklärt, so steht ihm nicht zu, die Beurkundung der Tatsache der Anerkennungserklärung, sofern sie nur überhaupt von einem Willensfähigen abgegeben wird, abzulehnen, weil er Zweifel an ihrer Rechtswirksamkeit wegen der beschränkten Geschäftsfähigkeit des Erklärenden hegt. Denn der Standesbeamte ist nur Urkundsperson, nicht Beamter der freiwilligen Gerichtsbarkeit. Beschluß des obersten Landesgerichts München vom 6. August 1901 (RJ. 2, 158). Vgl. § 27 der Vorschriften nebst Zus.

Erfolgt die Anerkennung vor dem Standesbeamten nach der Anzeige der Geburt, so hat er sie am Rande der über den Geburtsfall vorgenommenen Eintragung zu beurkunden.

1. Auf Grund des § 25 des PStG. ist der Standesbeamte, in dessen Register die Geburt eines unehelichen Kindes eingetragen wird, befugt, die Anerkennung der Vaterschaft (zu vgl. § 1718, § 1720 Abs. 2 BGB.) in dem Register zu beurkunden, mag die Anerkennung vor ihm bei der Anzeige der Geburt oder später erklärt werden. Entsprechend der bisherigen Praxis bestimmen die Vorschriften, daß die Erklärung in dem ersten Falle in die Geburtsurkunde aufzunehmen (Abs. 1), in dem zweiten Falle am Rande der über die Geburt vorgenommenen Eintragung zu beurkunden ist.

2. Vgl. Zus. unter § 16.

§ 15. Erkennt jemand bei seiner Eheschließung mit der Mutter eines unehelichen Kindes seine Vaterschaft vor dem Standesbeamten an, so hat dieser die Anerkennung in der über die Eheschließung vorgenommenen Eintragung zu beurkunden.

Die Anerkennung gilt, wenn nicht das Gegenteil erklärt wird, zugleich als Antrag auf Beischreibung eines Vermerkes am Rande der über den Geburtsfall vorgenommenen Eintragung. Ist der Geburtsfall in dem Standesregister eines anderen Bezirkes eingetragen, so hat der Standesbeamte dem Standesbeamten dieses Bezirkes einen Auszug aus dem Heiratsregister behufs Beischreibung des Vermerkes kostenfrei zu übersenden.

1. Nach einer schon jetzt bestehenden Praxis kann auch der Standesbeamte, vor welchem die Mutter eines unehelichen Kindes die Ehe schließt, bei diesem Anlasse die Erklärung des Ehemanns über die Anerkennung der Vaterschaft entgegennehmen und in dem Register beurkunden. Die Zu=

lässigkeit eines solchen Verfahrens ist nunmehr durch den § 167 Abs. 2 FGG. (vgl. unter IV) für das ganze Reichsgebiet außer Zweifel und der § 15 Abs. 1 bestimmt daher, daß die bezügliche Erklärung in die Heiratsurkunde aufzunehmen ist.

In den genannten Fällen ist außerdem gemäß der allgemeinen Vorschriften des § 26 PStG. die erfolgte Anerkennung am Rande der über die Geburt des Kindes vorgenommenen Eintragung zu vermerken, sofern ein Beteiligter es beantragt. Die Herbeiführung dieses Randvermerkes wird regelmäßig in der Absicht der die Ehe schließenden Personen liegen. Mit Rücksicht hierauf sieht der § 15 Abs. 2 vor, daß die bei der Eheschließung erfolgende Anerkennung, sofern nicht von einem der Beteiligten das Gegenteil erklärt wird, zugleich als Antrag auf Beischreibung des Randvermerkes im Geburtsregister gilt, und daß, soweit hierbei das Geburtsregister eines anderen Bezirkes in Frage kommt, der Standesbeamte, vor welchem die Ehe geschlossen ist, dem Standesbeamten jenes Register einen Auszug aus dem Heiratsregister zu übersenden hat. Die Übersendung geschieht kostenfrei; eine Gebühr ist mithin für den Auszug nicht zu erheben.

Ist die Geburt des Kindes in dem Standesregister desjenigen Bezirkes eingetragen, in welchem die Eheschließung erfolgt, so hat der Anerkennende die Wahl, ob er die Anerkennung nach § 15 Abs. 1 im Heiratsregister oder nach § 14 Abs. 2 im Geburtsregister beurkunden lassen will. In dem letzteren Falle bedarf es selbstverständlich nicht der Herbeiführung eines Randvermerkes über die erfolgte Anerkennung gemäß § 26 des Ges. und § 15 Abs. 2 der Vorschriften.

2. Vgl. Zus. unter § 16.

§ 16. Wird vor dem Standesbeamten über die bei der Anzeige der Geburt oder bei der Eheschließung erfolgende Anerkennung der Vaterschaft auf Verlangen des Anerkennenden eine besondere Urkunde errichtet, so finden die Vorschriften des § 14 Abs. 1 und des § 15 keine Anwendung. In einem solchen Falle bleibt es den Beteiligten überlassen, bei dem Standesbeamten, in dessen Register der Geburtsfall eingetragen ist, die Beischreibung eines Randvermerkes nach Maßgabe des § 26 des Gesetzes zu beantragen.

Während die durch den § 25 PStG. begründete Befugnis des Standesbeamten zur Aufnahme einer Urkunde über die Anerkennung der Vaterschaft sich nur auf Beurkundung in dem Standesregister erstreckt, ist seine Zuständigkeit, soweit sie in dem § 167 Abs. 2 FGG. (vgl. unter IV) geregelt ist, an eine solche Beschränkung nicht gebunden. Demgemäß darf der Standesbeamte des Geburtsregisters die vor ihm nicht bei, sondern erst nach der Anzeige der Geburt erfolgende Anerkennung (§ 14 Abs. 2 der Vorschriften), unbeschadet weitergehender Bestimmungen des Landesrechts (vgl. Zus.), nur in dem Register beurkunden; dagegen kann vor dem Standesbeamten über die bei der Anzeige der Geburt oder bei der Eheschließung stattfindende Anerkennung auch eine besondere Urkunde errichtet werden. Im allgemeinen wird indessen der Standesbeamte davon auszugehen haben, daß eine vor ihm abgegebene Erklärung zur Eintragung in das Standesregister bestimmt ist. Zur Aufnahme einer besonderen Urkunde hat er daher erst Anlaß, wenn sie ausdrücklich verlangt wird.

In diesem Falle kommen der § 14 Abs. 1 und der § 15 der Vorschriften nicht zur Anwendung. Der Standesbeamte hat sich vielmehr darauf zu beschränken, zunächst die Eintragung des Geburtsfalls oder der Eheschließung zu bewirken und unmittelbar nach deren Abschluß die Urkunde über die Anerkennung aufzunehmen. Eine Eintragung in das Register erfolgt lediglich nach Maßgabe des § 26 PStG. Es ist mithin nur in das Geburtsregister ein Randvermerk über die erfolgte Anerkennung und zwar nur dann aufzunehmen, wenn ein Beteiligter dies auf Grund der über die Anerkennung errichteten Urkunde ausdrücklich beantragt. Ob die Beteiligten einen solchen Antrag bei dem Standesbeamten des Geburtsregisters stellen wollen, ist ihnen zu überlassen.

Zusatz zu §§ 14, 15, 16.

I. Verfügung (des Justizministers und des Ministers des Innern), betr. die nach Einführung des BGB. in Kraft tretenden Vorschriften über Anerkennung unehelicher Kinder, vom 18. Oktober 1899 (BMBl. S. 189).

Zur Ergänzung der mit dem 1. Januar 1900 in Kraft tretenden Vorschriften über die Anerkennung unehelicher Kinder bestimmen wir im Hinblick auf Art. 70 AG.BGB. (vgl. unter IV) und auf die §§ 14 bis 16 der Vorschriften des Bundesrats, Bekanntmachung vom 25. März 1899 (RGBl. S. 225) folgendes:

1. Erkennt jemand nach seiner Eheschließung mit der Mutter eines unehelichen Kindes seine Vaterschaft vor dem Standesbeamten an, in dessen Register die Eheschließung eingetragen ist, so hat dieser die Anerkennung, sofern nicht eine besondere Urkunde errichtet wird (Nr. 2), am Rande der über die Eheschließung vorgenommenen Eintragung zu beurkunden. Die Bestimmung des § 15 Abs. 2 der Vorschriften des Bundesrats findet entsprechende Anwendung.

2. Wird nach der Anzeige der Geburt eines unehelichen Kindes vor dem Standesbeamten, in dessen Register der Geburtsfall eingetragen ist, oder nach der Eheschließung der Eltern vor dem Standesbeamten, in dessen Register die Eheschließung eingetragen ist, über die Anerkennung der Vaterschaft eine besondere Urkunde errichtet, so ist eine Beurkundung der Anerkennung am Rande der über den Geburtsfall oder die Eheschließung bestehenden Eintragung von Amts wegen nicht vorzunehmen. Die Bestimmung des § 16 Satz 2 der Vorschriften des Bundesrats findet entsprechende Anwendung.

3. Besondere Urkunden sind in den vorstehenden Fällen — ebenso wie nach § 16 der Vorschriften des Bundesrats — nur zu errichten, wenn dies von dem Anerkennenden ausdrücklich verlangt wird.

4. Auf die Errichtung besonderer Urkunden gemäß § 16 der Vorschriften des Bundesrats oder gemäß Nr. 2 dieser Bekanntmachung finden die Vorschriften im § 13 Abs. 1, 2 und 4 des Gesetzes vom 6. Februar 1875 (RGBl. S. 23) mit der Maßgabe sinngemäß Anwendung, daß die Urkunden nicht in das Register einzutragen, sondern unter fortlaufenden Nummern zu besonderen Sammelakten zu nehmen sind.

5. Wird einem Standesbeamten, in dessen Geburtsregister die Geburt eines unehelichen Kindes eingetragen ist, die Erklärung über die vor dem Gericht oder vor einem Notar erfolgte Anerkennung des Kindes mit dem Antrag auf Beischreibung eines Vermerks im Geburtsregister mitgeteilt, so hat der Standesbeamte die Anerkennung am Rande der über den Geburtsfall vorgenommenen Eintragung zu beurkunden.

II. Über die Erstattung einer Anzeige von der Legitimation eines unehelichen Kindes durch nachfolgende Ehe der Eltern an das Amtsgericht vgl. unten Abschn. III 2 b.

III. Über die Geburtsscheine für durch nachfolgende Ehe legitimierte Kinder vgl. Zus. 2 zu § 6 der Vorschriften.

IV. Allg. Verf. vom 16. Januar 1899 betr. die Eintragung der Anerkennung eines unehelichen Kindes in das Standesregister (BMBl. S. 19).

Nach einem Urteil des Oberverwaltungsgerichts vom 4. November 1898 macht sich ein Standesbeamter, welcher die Anerkennung eines unehelichen Kindes einträgt, obgleich er weiß, daß das Kind nicht von dem Anerkennenden herrührt, oder doch weiß, daß das Anerkenntnis wegen entgegenstehender anderweiter Erklärungen des Anerkennenden der erforderlichen Beweiskraft entbehrt, insbesondere wenn der Anerkennende selbst seine Vaterschaft zu dem Kinde verneint, einer Überschreitung seiner Amtsbefugnisse schuldig.

§ 17. Zusätze, Löschungen und Änderungen nach Maßgabe des § 13 Abs. 4 des Gesetzes sind nur zulässig, solange die Eintragung noch nicht abgeschlossen ist.

Die in das Nebenregister aufzunehmende Abschrift (§ 14 Abs. 1 des Gesetzes) hat die Zusätze, Löschungen und Änderungen als solche wiederzugeben.

Vgl. zu § 18.

§ 18. Offenbare Schreibfehler, die in einer abgeschlossenen Eintragung enthalten sind, kann der Standesbeamte mit Genehmigung der Aufsichtsbehörde durch einen Vermerk am Rande der Eintragung beseitigen; der Vermerk ist unter Angabe des Tages besonders zu vollziehen.

Die Vorschrift des § 17 Abs. 2 findet entsprechende Anwendung.

Nach § 13 Abs. 4 des Ges. sind Zusätze, Löschungen oder Abänderungen am Rande der Eintragung zu vermerken und gleich der Eintragung selbst besonders zu vollziehen. Der § 17 Abs. 1 der Vorschriften stellt klar, daß diese Bestimmung ausschließlich für Zusätze, Löschungen und Änderungen gilt, welche sich während der Vornahme der Eintragung, also vor deren Beendigung, als notwendig ergeben.

Die Berichtigung einer bereits abgeschlossenen Eintragung kann gemäß § 65 des Gesetzes ausschließlich auf Grund gerichtlicher Anordnung erfolgen. Hiernach ist der Standesbeamte nicht befugt, ohne Mitwirkung des Gerichts nachträglich eine Eintragung zu berichtigen, wenn sie ihrem Inhalte nach zufolge der unterbliebenen Erwähnung oder der unrichtigen Angabe einer Tatsache dem wirklichen Sachverhalte nicht entspricht, und es macht dabei keinen Unterschied, ob die Beteiligten wider besseres Wissen oder aus Versehen falsche Angaben gemacht haben. Die Vorschrift des § 65 erstreckt sich aber nicht auf offenbare Versehen rein äußerlicher Art, die dem Standesbeamten bei dem Niederschreiben der Worte oder Zahlen unterlaufen und aus dem übrigen Inhalt der Urkunde ohne weiteres erkennbar sind, die demnach auch eine Mitwirkung der Beteiligten zur Berichtigung nicht voraussetzen. Solche Schreibfehler können nach § 18 Abs. 1 der Vorschriften ohne gerichtliche Anordnung durch einen Vermerk am Rande der Eintragung beseitigt werden. Der Standesbeamte hat jedoch hierzu die Genehmigung der Aufsichtsbehörde einzuholen. Wird die Genehmigung verweigert, so ist das gerichtliche Berichtigungsverfahren nach Maßgabe der §§ 65, 66 des Ges. einzuleiten.

Wie der Wortlaut ergibt, betrifft der § 18 Abs. 1 der Vorschriften nur die Hauptregister. Die Beseitigung von Schreibfehlern, die im Nebenregister bei der abschriftlichen Übertragung des Inhalts der Hauptregister untergelaufen sind, hat ohne weiteres alsbald nach der Entdeckung zu erfolgen. Die Berichtigung ist auch hier in der Form eines Randvermerkes zu bewirken.

§ 19. In die Auszüge aus dem Standesregister (§ 15 Abs. 2 des Gesetzes) ist unter Weglassung der in den §§ 17, 18 bezeichneten Randvermerke der berichtigte Wortlaut der Eintragung aufzunehmen. Im übrigen sind die Randvermerke in den Auszügen als solche wiederzugeben.

§ 20. Um den Standesbeamten eine nähere Anweisung für die richtige Benutzung des Vordrucks in den Formularen A bis F an die Hand zu geben, sind ihnen sowie ihren Stellvertretern je zwei der beifolgenden Muster mitzuteilen*:

*) Die hier mitgeteilten Muster sind für den Richter (im Berichtigungsverfahren) bindend. Beschl. d. Obersten Landesgerichts München vom 31. Juli 1907 (Jahrb. d. KG. 35, 347, RJ. 9, 21).

A der Eintragung in das Geburtsregister auf Grund der Anzeige des ehelichen Vaters (§ 18 Abs. 1 Nr. 1 des Gesetzes) — A 1 —,

der Anzeige einer bei der Niederkunft zugegen gewesenen Person (§ 18 Abs. 1 Nr. 2 bis 4 des Gesetzes) — A 2 —,

der Anzeige einer aus eigener Wissenschaft unterrichteten Person (§ 19 des Gesetzes) — A 3 —

der Anzeige einer öffentlichen Krankenanstalt (§ 20 des Gesetzes) — A 4 —.

A 1 enthält zugleich ein Beispiel für die Eintragung der nachträglichen Anzeige der Vornamen des Kindes (§ 22 Abs. 3 des Gesetzes).

A 2 macht ersichtlich, wie die Abänderung der Eintragung im Falle des § 13 Abs. 4 des Gesetzes (§ 17 dieser Vorschriften) zu bewirken ist.

A 3 enthält ein Beispiel für eine Eintragung auf Grund der Genehmigung der Aufsichtsbehörde (§ 27 Abs. 1 des Gesetzes) und für die Beurkundung der bei der Anzeige der Geburt eines unehelichen Kindes erfolgenden Anerkennung der Vaterschaft (§ 14 Abs. 1 dieser Vorschriften).

A 4 gibt zugleich Anleitung für die Benutzung des Vordrucks gemäß § 13 Abs. 2 dieser Vorschriften und zeigt die Form des Randvermerkes über die bei der Eheschließung der Eltern erfolgte Anerkennung der Vaterschaft (§ 26 des Gesetzes, § 15 Abs. 2 dieser Vorschriften).

B der Eintragung in das Heiratsregister.

B 1 zeigt, in welcher Weise zu verfahren ist, wenn ein Schreibensunkundiger nur sein Handzeichen beifügen kann (§ 13 Abs. 2 Nr. 5 des Gesetzes), und macht ferner ersichtlich, wie in Fällen der Verhinderung des Standesbeamten dessen Stellvertreter die Eintragung zu unterzeichnen hat.

B 2 gibt ein Beispiel für die Eintragung einer bei der Eheschließung erfolgenden Anerkennung der Vaterschaft (§ 15 Abs. 1 dieser Vorschriften) sowie eines Randvermerkes nach Maßgabe des § 55 des Gesetzes und zeigt zugleich, wie die Abschrift im Nebenregister zu beglaubigen und die Beischreibung einer nach der Einreichung des Nebenregisters an die Aufsichtsbehörde in das Hauptregister gemachten Eintragung zu bewirken ist (§ 14 Abs. 3 des Gesetzes).

C der Eintragung in das Sterberegister auf Grund
der Anzeige des Familienhaupts — C 1 —,
der Anzeige desjenigen, in dessen Behausung sich der Sterbefall ereignet hat — C 2 —.

C 1 gibt zugleich Anleitung für die Eintragung einer unter Zuziehung eines Dolmetschers erstatteten Anzeige mit teilweiser Benutzung des Randes (§ 11, § 13 Abs. 1, 3 dieser Vorschriften).

C 2 zeigt, in welcher Weise die Beseitigung einer offenbaren Unrichtigkeit zu bewirken ist (§ 18 dieser Vorschriften).

C 3 gewährt ein Beispiel für die nach § 23 des Gesetzes im Sterberegister zu bewirkenden Eintragungen unter teilweiser Benutzung des Vordrucks (§ 13 Abs. 2, 3 dieser Vorschriften),

C 4 für eine Eintragung auf Grund der Anzeige einer Behörde (§ 12, § 13 Abs. 2, 3 dieser Vorschriften). Das Muster enthält auch einen Vermerk über eine nach § 65 des Gesetzes auf Anordnung des Amtsgerichts (§ 69 des Gesetzes über die Angelegenheiten der freiwilligen Gerichtsbarkeit) erfolgte Berichtigung der Eintragung.

D der Bescheinigung über die erfolgte Eheschließung — D 1 —,

E der Anordnung des Aufgebots — E 1 —,

F der Bescheinigung des Aufgebots — F 1 —.

§ 21. Die Einsicht der Register ist Geistlichen und anderen Religionsdienern kostenfrei zu gestatten.

§ 22. Für jedes Register sind von dem Standesbeamten Sammelakten zu halten; die Akten sind nach Jahrgängen zu ordnen.

In die Sammelakten sind alle auf die Registerführung bezüglichen amtlichen Schriftstücke aufzunehmen, insbesondere die den Standesbeamten zugestellten schriftlichen Anträge, Anzeigen und Mitteilungen, die bei ihnen eingereichten Urkunden, die Verfügungen der Aufsichtsbehörde und der Gerichte, desgleichen die von den Standesbeamten in Gemäßheit der §§ 21, 45 bis 47, des § 58 Abs. 1 und des § 68 Abs. 3 des Gesetzes aufgenommenen Verhandlungen und getroffenen Anordnungen.

Wird eine eingereichte Urkunde zurückgegeben, so ist dies unter Angabe des wesentlichen Inhalts der Urkunde in den Akten zu vermerken.

1. Der Abs. 1 spricht lediglich den Grundsatz aus, daß für jedes Register besondere Sammelakten zu halten sind. Im übrigen bestimmt sich die Einrichtung und Führung der drei Klassen von Sammelakten nach den Anordnungen der Landesregierungen. (In Preußen sind darüber keine allgemeine Bestimmungen erlassen.)

Die Klasse, der die einzelnen auf die Register bezüglichen Schriftstücke (Abs. 2) einzuverleiben sind, erhellt ohne weiteres aus dem Zwecke, zu welchem sie dem Standesbeamten mitgeteilt oder von ihm aufgenommen werden. In die dem Heiratsregister dienenden Sammelakten gehören namentlich alle Urkunden, welche die Verlobten vor der Anordnung des Aufgebots oder vor der Eheschließung beizubringen haben, wie Geburtsscheine und Einwilligungserklärungen (§ 45 des Ges.), Bewilligung von Befreiungen und ärztliche Bescheinigungen über eine lebensgefährliche Erkrankung (§ 1322 BGB., § 50 des Ges. in der Fass. des Art. 46 EG.BGB.), Aufgebotsbescheinigungen und standesamtliche Ermächtigungen (§ 49 des Ges., § 1321 BGB.).

Übrigens schließt der Abs. 2 nicht aus, daß in die Akten auch solche Urkunden aufgenommen werden, welche mit der Registerführung nicht unmittelbar zusammenhängen; insbesondere bleiben die Anordnungen der Landesregierungen über die Behandlung der den Standesbeamten von auswärts zugehenden Standesurkunden unberührt (zu vgl. für Preußen Min.-Erl. v. 31. Mai 1890, 3. Juni 1892 und 22. Februar 1897 — BMBl. 1890 S. 91, 1892 S. 220, 1897 S. 37 —:

die vom Ausland eingehenden Standesurkunden sind bei den Sammelakten aufzubewahren; über dieselben ist im alphabetischen Namensverzeichnis ein Vermerk zu machen unter Hinweis auf den Jahrgang der Sammelakten).

Die Akten sollen bei den Standesbeamten verbleiben und dürfen mithin an eine andere Stelle zur Aufbewahrung nicht abgegeben werden. Dagegen ist es nach Abs. 3 gestattet Urkunden, die noch für andere Zwecke Verwendung finden können, unter Zurückbehaltung eines Aktenvermerkes über ihren wesentlichen Inhalt den Beteiligten zurückzugeben. Was zum wesentlichen Inhalt gehört, ist nach Lage des einzelnen Falles zu beurteilen; beispielsweise wird, wenn behufs Eingehung einer neuen Ehe ein Scheidungsurteil vorgelegt worden ist, der Vermerk über die Rückgabe die Bezeichnung der Parteien und des Gerichts, die Urteilsformel, den Tag der Verkündung und der Rechtskraft sowie mit Rücksicht auf den § 1312 BGB. den Grund der Scheidung zu enthalten haben.

2. Über die besonderen Sammelakten, die für die über Anerkennung der Vaterschaft errichteten Urkunden anzulegen sind, vgl. § 16 der Vorschriften nebst Zus. I.

3. Die Standesamtsakten sind (wie die Register) von der Vernichtung ausgeschlossen (Erl. v. 15. Februar 1892 — BMBl. S. 82).

§ 23. Der Standesbeamte hat ferner zu führen:

1. für jedes Register ein nach den Anfangsbuchstaben der Namen, bei dem Heiratsregister nach den Anfangsbuchstaben der Namen beider Ehegatten geordnetes Verzeichnis, welches das Auffinden der einzelnen Eintragung ermöglicht;
2. ein Verzeichnis der Geburtsfälle, in welchen die Anzeige der Vornamen des Kindes noch aussteht (§ 22 Abs. 3 des Gesetzes);
3. ein Verzeichnis der Aufgebote;

4. ein Verzeichnis der zu erhebenden und der erhobenen Gebühren (§ 16 des Gesetzes).

In kleineren Bezirken kann das Namensverzeichnis (Nr. 1) für zwei oder für alle Register gemeinschaftlich geführt werden.

(Zu Nr. 3.) Das Verzeichnis Nr. 3 ist zunächst für die von dem Standesbeamten selbst angeordneten Aufgebote bestimmt. Liegt aber dem Standesbeamten nach den für ihn maßgebenden landesrechtlichen Vorschriften auch die Bekanntmachung der Aufgebote ob, so wird das Verzeichnis zugleich diejenigen Aufgebote zu umfassen haben, welche er auf Ersuchen eines anderen Standesbeamten bekannt gemacht hat.

§ 24. Die Beischreibung und die Beglaubigung nachträglicher Eintragungen im Nebenregister (§ 14 Abs. 3 Satz 2 des Gesetzes) sowie die Erteilung von Auszügen aus dem Nebenregister (§ 15 Abs. 2 des Gesetzes) ist von dem Gerichtsschreiber des Gerichts zu bewirken, von dem das Nebenregister aufbewahrt wird. — Vgl. unter V.

Solange das Nebenregister sich bei der Aufsichtsbehörde befindet (§ 14 Abs. 2 des Gesetzes), kann die Beischreibung und die Beglaubigung nachträglicher Eintragungen im Nebenregister auf Anordnung der Aufsichtsbehörde auch von einem hierzu ermächtigten Beamten dieser Behörde bewirkt werden.

§ 25. In den im § 55 Abs. 1 des Gesetzes bezeichneten Fällen hat die Staatsanwaltschaft dem Standesbeamten, vor welchem die Ehe geschlossen worden ist, eine mit dem Zeugnisse der Rechtskraft und mit der Angabe des Tages der Rechtskraft versehene Ausfertigung des Urteils behufs Beischreibung des Randvermerkes zu übersenden.

Hat ein Ehegatte, nachdem der andere für tot erklärt worden ist, eine neue Ehe geschlossen (§ 1348 Abs. 2 des Bürgerlichen Gesetzbuchs), so hat der Standesbeamte, vor welchem diese Ehe geschlossen worden ist, dem Standesbeamten, in dessen Heiratsregister die frühere Ehe eingetragen ist, einen Auszug aus dem Heiratsregister behufs Beischreibung des Randvermerkes kostenfrei zu übersenden.

Wenn eine Ehe für nichtig erklärt oder wenn in einem Rechtsstreite der die Feststellung des Bestehens oder Nichtbestehens einer Ehe zwischen den Parteien zum Gegenstand hat, das Nichtbestehen der Ehe festgestellt ist, ingleichen wenn eine Ehe vor dem Tode eines der Ehegatten aufgelöst oder wenn nach § 1575 BGB. die eheliche Gemeinschaft aufgehoben ist, so soll gemäß § 55 Abs. 1 PStG. in der Fassung, die er durch Art. 46 EG.BGB. erhalten hat, am Rande der über die Eheschließung bewirkten Eintragung die Beischreibung eines entsprechenden Vermerkes erfolgen. In der Regel ist hierzu ein gerichtliches Urteil erforderlich, welches die Staatsanwaltschaft, wie der Abs. 1 des § 25 vorsieht, dem Standesbeamten zu übersenden hat. Nur wenn ein Ehegatte, nachdem der andere für tot erklärt worden ist, eine neue Ehe eingeht, wird die frühere nicht durch ein gerichtliches Urteil, sondern nach § 1348 BGB. durch die Schließung der neuen Ehe aufgelöst. Mit Rücksicht auf diesen Fall schreibt daher der § 25 Abs. 2 vor, daß der Standesbeamte, vor welchem die neue Ehe geschlossen wird, den Standesbeamten, in dessen Heiratsregister die frühere Ehe eingetragen ist, einen Auszug aus dem Heiratsregister zu übersenden hat.

§ 26. Dem Ersuchen eines Standesbeamten sind andere Standesbeamte sowie Gemeinde- und Ortspolizeibehörden Folge zu leisten verpflichtet.

§ 27. Der Standesbeamte darf sein Amt in Angelegenheiten ausüben, die seine Ehefrau oder

Personen betreffen, mit denen er verwandt oder verschwägert ist.

Aus den §§ 13, 45 des Ges. ist zu entnehmen, daß der Standesbeamte sich der amtlichen Tätigkeit enthalten muß, wenn es sich um die Beurkundung der eigenen Anzeige, die Entgegennahme der eigenen Erklärung oder die Anordnung des der eigenen Eheschließung vorhergehenden Aufgebots handelt. Dagegen steht es dem Standesbeamten, falls diese Voraussetzungen nicht zutreffen, nach § 27 der Vorschriften frei, auch in Angelegenheiten, die seine Ehefrau oder seine Angehörigen betreffen, das Amt auszuüben. Er ist daher nicht gehindert, den Tod seiner Ehefrau sowie den Personenstand seiner Kinder zu beurkunden, sofern nur die erforderliche Anzeige durch eine andere Person erfolgt; ebenso kann er bei der Eheschließung seines Kindes die standesamtlichen Verrichtungen wahrnehmen.

Die gleichen Gesichtspunkte sind für die Befugnis des Standesbeamten zur Aufnahme einer besonderen Urkunde über die Anerkennung der Vaterschaft (§ 167 Abs. 2 FGG., § 16 der Vorschriften) maßgebend, da ihm diese Verrichtung lediglich mit Rücksicht auf seine Zuständigkeit zur Führung der Standesregister übertragen ist. Die weitergehenden Beschränkungen, welche nach § 170 Nr. 2 bis 4 FGG. bei der Errichtung einer solchen Urkunde für Richter und Notare gelten, finden hier keine Anwendung. — Vgl. Anm. * zu § 14 der Vorschriften.

§ 28. Diese Vorschriften treten gleichzeitig mit dem Bürgerlichen Gesetzbuch in Kraft.

Die am 1. Januar 1900 noch vorhandenen Bestände der alten Formulare, mit Ausnahme des Formulars B, können aufgebraucht werden; die alten Formulare für die Nebenregister und für die Registerauszüge sind auch künftig zu verwenden, soweit die Eintragung im Hauptregister unter Benutzung eines alten Formulars bewirkt ist.

Die Formulare sind S. 194 ff. abgedruckt.

II. Anmeldung des Aufgebots.

Allgemeine Verfügung des Justizministers und des Ministers des Innern vom 2. Juni 1899, betr. die Muster für eine Anmeldung des Aufgebots zur Eheschließung (BMBl. S. 100).

Anliegend übersenden wir Ew. Exzellenz Muster für eine Anmeldung des Aufgebots zur Eheschließung, und für ein Verzeichnis der vor Erlaß des Aufgebots beizubringenden Urkunden (Anl. a und b) mit dem ergebenen Ersuchen, den Standesbeamten die Benutzung dieser Muster vom 1. Januar 1900 ab vorzuschreiben. Wir bemerken dazu folgendes:

Beide Muster haben nur den Zweck, die Führung der Standesamtsgeschäfte nach Inkrafttreten des Bürgerlichen Gesetzbuchs zu erleichtern. Förmlichkeiten, welche das Gesetz nicht verlangt, sollen dadurch nicht eingeführt werden.

Insbesondere bleibt es wie bisher zulässig, von der Aufnahme einer den Erschienenen vorzulesenden, von diesen zu genehmigenden und zu vollziehenden Verhandlung über die Anmeldung des Aufgebots abzusehen und statt dessen mit einer nur von dem Standesbeamten oder dessen Vertreter zu unterschreibenden Aufzeichnung sich zu begnügen. Auch kann von dem Erscheinen eines oder unter Umständen auch beider Verlobter abgesehen werden; nur bei der Abnahme eidesstattlicher Versicherungen ist das persönliche Erscheinen und die Aufnahme einer förmlichen Verhandlung unerläßlich. Desgleichen kann der Standesbeamte nach wie vor die Beibringung von Urkunden erlassen, wenn ihm die dadurch nachzuweisenden Tatsachen (z. B. die von zuständiger Stelle bewilligte Befreiung von einem Ehehindernisse) persönlich bekannt oder sonstwie glaubhaft nachgewiesen sind.

Die Oberpräsidenten können auf Antrag Abweichungen in dem Vordruck des Musters I einstweilig oder dauernd gestatten, soweit örtliche Verhältnisse dies wünschenswert machen; den Standesbeamten bleibt überlassen, den Vordruck nach den Bedürfnissen des Einzelfalles handschriftlich abzuändern. Verfügungen und Bemerkungen des Standesbeamten wegen des Aufgebots und der Eheschließung finden ihren Platz statt auf dem Rande der Aufgebotsanmeldung besser auf einem besonderen Bogen. Sofern hierfür ein Formular zweckmäßig erscheint, steht seiner Verwendung nichts entgegen.

Das Muster II berücksichtigt nur die häufiger vorkommenden Fälle; auch für diese gibt es nur eine Gedächtnishilfe und macht die sorgfältige Prüfung an der Hand der gesetzlichen Bestimmungen keineswegs überflüssig. Es wird erwartet, daß die Standesbeamten sich mit diesen rechtzeitig auf das eingehendste bekannt machen, insbesondere mit den Bestimmungen über die Eheerfordernisse (§§ 1303 bis 1315, 1325, 1332 bis 1335, 1348, 1349 des BGB., Artikel 13 und Artikel 30 des Einführungsgesetzes, vgl. § 1795 Nr. 1 des BGB.), mit den neuen Vorschriften über die Eheschließung selbst (§§ 1316 bis 1321 BGB.), sowie mit der Bedeutung der häufiger vorkommenden Ausdrücke: „Geschäftsfähigkeit (beschränkte, mangelnde); Volljährigkeit; gesetzlicher Vertreter; eheliches, uneheliches, angenommenes, ehelich erklärtes Kind; fortgesetzte Gütergemeinschaft" usw.

Das Verzeichnis soll als Hilfsmittel für den Standesbeamten dienen und in einem oder nach Bedürfnis mehreren Exemplaren zur Einsichtnahme seitens des Publikums in den Räumen der Standesämter aushängen oder liegen.

Wegen der Zuständigkeit der Behörden hinsichtlich der Befreiung von Ehehindernissen bleiben die in den Bundesstaaten erlassenen und noch ergehenden Vorschriften zu beachten. Sobald die Vorschriften für Preußen erscheinen, sind die einschlagenden Stellen des Verzeichnisses (II. 2., 10. und 11.) zu ergänzen [was in den folgenden Mustern geschehen ist]. (Bei III ist angenommen, daß die Vorschläge des Entwurfs des preußischen Ausführungsgesetzes zum BGB. Gesetzeskraft erlangen [was der Fall ist]). Nr. III ist abgeändert durch den Runderlaß vom 13. März 1903 (BMBl. S. 28) — s. unten.

---

a.

Standesamt.

Nr. des Aufgebotsverzeichnisses: I.

den 190

Es erschienen heute und beantragten das Aufgebot für ihre Eheschließung

1. der[1]

der Persönlichkeit nach kannt

Religion, geboren am

zu staatsangehörig in

wohnhaft in[3]

Sohn de[1] wohnhaft

in[2]

2. die[1]
der Persönlichkeit nach kannt
Religion, geboren am
zu staatsangehörig in
wohnhaft in[3]
Tochter de[1] wohnhaft
in[2]

Die Verlobten, gegen deren Verhandlungsfähigkeit Bedenken sich nicht ergaben, wurden auf die Bestimmungen über die Erfordernisse zur Eheschließung[4] hingewiesen und, soweit es erforderlich erschien, mit ihrem Inhalte bekannt gemacht*. Sie überreichten in beglaubigter Form folgende Urkunden[5]:

1. ihre Geburtsurkunden
   a)
   b)
2. die zustimmende Erklärung derjenigen, deren Einwilligung nach dem Gesetze erforderlich ist, nämlich:
   a)
3. an weiteren Nachweisen
   a)

Es wurde den Verlobten noch die Beibringung folgender Urkunden aufgegeben:

a)

Die Verlobten teilten sodann noch mit[6]:

Miterschienen waren:

1.
der Persönlichkeit nach kannt

---

*) Wegen des Hinweises der Beteiligten auf ihre kirchlichen Verpflichtungen; vgl. Zus. zu § 82 des Ges.

2.

der Persönlichkeit nach kannt und erklärte d Miterschienene zu 1: Hiermit erteile ich als

meine Einwilligung zu der beabsichtigten Eheschließung.

D Miterschienene zu 2:

Die Eheschließung soll stattfinden am

mittags Uhr vor dem Standesamt in

Zum Schluß erklärten die Verlobten: Wir versichern hiermit, daß — andere als die in dieser Verhandlung erwähnten — Ehehindernisse unserer Eheschließung nicht entgegenstehen.

Insbesondere versichere ich, d an Eidesstatt[7], daß

Vorgelesen, genehmigt und unterschrieben

Der Standesbeamte.

[1]) Im Heiratsregister sind stets Stand oder Gewerbe der Verlobten und ihrer Eltern anzugeben, ebenso sämtliche Vornamen, soweit sie bekannt sind.

[2]) Wohnt die Mutter nicht an demselben Ort wie der Vater, so ist im Heiratsregister der Wohnort der Mutter besonders anzugeben.

[3]) Vgl. Personenstandsgesetz § 46.

[4]) BGB. §§ 1303—1315, 1325, 1332—1335, 1348, 1349, EG.BGB. Art. 13 und 30; vgl. auch BGB. § 1795 Nr. 1.

[5]) Personenstandsgesetz § 45, siehe namentlich Absatz 2.

[6]) Vgl. z. B. BGB. §§ 1719 ff.

[7]) An Eidesstatt sind die Versicherungen von dem Standesbeamten nur über bestimmte Tatsachen und nur

dann abzunehmen, wenn es nach den gesetzlichen Bestimmungen (vgl. § 45 Abs. 3 PStG.) zulässig und nach den obwaltenden Umständen erforderlich erscheint.

---

b. II.

Verzeichnis der vor dem Aufgebot in beglaubigter Form beizubringenden Urkunden*.

I. Im allgemeinen.

1. Die Geburtsurkunden der Verlobten;
2. Nachweis ihrer Staatsangehörigkeit (Paß, Heimatschein, Naturalisationsurkunde usw.);
3. Nachweis ihres jetzigen und früheren Wohnsitzes in den letzten sechs Monaten und ihres jetzigen gewöhnlichen Aufenthalts;
4. Nachweis der Zustimmung des nicht erschienenen Verlobten.

Zu 2 bis 4. Dieser Nachweise bedarf es nur, falls Zweifel entstehen.

II. Für Inländer und zwar für:

1. Männer bis zum vollendeten 21. Jahre (BGB. § 1303):

---

*) Der Standesbeamte kann von Beibringung der Geburtsurkunden und den zustimmenden Erklärungen derjenigen, deren Einwilligung nach dem Gesetze erforderlich ist, absehen, wenn ihm die Tatsachen, welche durch diese Urkunden festgestellt werden sollen, persönlich bekannt oder sonst glaubhaft nachgewiesen sind. (Fassung der Fußnote nach der Verfügung des Ministers des Inneren und des Justizministers, betr. die Muster für die Anmeldung des Aufgebots zur Eheschließung, vom 13. Juli 1906 — BMBl. S. 270.)

Volljährigkeitserklärung durch das Vormundschaftsgericht.

2. Frauen bis zum vollendeten 16. Jahre (§ 1303): Befreiung durch die zuständige Heimatsbehörde (in Preußen der Justizminister — Art. 10 der Verordnung vom 16. November 1899 —).

3. Beschränkt Geschäftsfähige (§ 1304):
   a) Einwilligung des gesetzlichen Vertreters und,
   b) wenn dieser ein Vormund oder Pfleger ist,
      aa) dessen vom Vormundschaftsgericht ausgestellte Bestallung oder
      bb) Einwilligung des Vormundschaftsgerichts.

4. Eheliche Kinder bis zum vollendeten 21. Jahre (§ 1305):
   a) Einwilligung des Vaters oder
   b) wenn der Vater gestorben ist, dessen Sterbeurkunde und Einwilligung der Mutter,
   c) wenn der Vater zur Abgabe einer Erklärung dauernd außerstande oder wenn sein Aufenthalt dauernd unbekannt ist,
   Bescheinigung hierüber und Einwilligung der Mutter.

   Zu b und c. Die Einwilligung der Mutter wird ersetzt durch:
      aa) ihre Sterbeurkunde oder
      bb) die Bescheinigung, daß sie zur Abgabe einer Erklärung dauernd außerstande oder daß ihr Aufenthalt dauernd unbekannt ist.

5. Uneheliche Kinder bis zum vollendeten 21. Jahre (§ 1305):
   Einwilligung der Mutter.

Das bei Nr. 4 „zu b und c" Bemerkte gilt auch hier.

6. Adoptivkinder bis zum vollendeten 21. Jahre (§ 1306):
durch das Gericht bestätigter Annahmevertrag und Einwilligung des Adoptivvaters bzw. der Adoptivmutter (nicht der leiblichen Eltern).
7. Volljährig erklärte Kinder bis zum vollendeten 21. Jahre (§ 1308):
mangels der Urkunden zu 4.—6.: Einwilligung des Vormundschaftsgerichts.
8. Bereits verheiratet Gewesene (§ 1309 und §§ 1348 ff.):
   a) wenn der Ehegatte verstorben ist,
      Sterbeurkunde des Ehegatten,
   b) wenn die Ehe geschieden oder für nichtig erklärt ist,
      Scheidungs- oder Nichtigkeitsurteil,
   c) wenn der Ehegatte für tot erklärt ist,
      Todeserklärungsurteil.
9. Adoptiveltern zur Heirat mit dem Adoptivkind oder dessen Abkömmling (§ 1311):
durch das Gericht bestätigter Aufhebungsvertrag.
10. Wegen Ehebruchs Geschiedene zur Heirat mit dem Mitschuldigen (§ 1312):
Befreiung durch die zuständige Heimatsbehörde (in Preußen der Justizminister — Art. 10 der Verordnung vom 16. November 1899 —).
11. Verheiratet gewesene Frauen zur Wiederverheiratung innerhalb zehn Monaten nach Auflösung oder Nichtigkeitserklärung ihrer früheren Ehe (§ 1313):

a) Nachweis, daß sie inzwischen geboren haben, oder

b) Befreiung durch die zuständige Heimatsbehörde (in Preußen das Amtsgericht — Art. 11 der Verordnung vom 16. November 1899 —).

12. Eltern (§ 1314), welche

a) ein eheliches Kind haben, das minderjährig ist oder unter ihrer Vormundschaft steht,
Zeugnis des Vormundschaftsgerichts über die in § 1669 bezeichneten Verpflichtungen,

b) mit einem minderjährigen oder bevormundeten Abkömmling in fortgesetzter Gütergemeinschaft leben,
Zeugnis des Vormundschaftsgerichts über die in § 1493 Abs. 2 bezeichneten Verpflichtungen.

13. Militärpersonen (§ 1315):
Erlaubnis der zuständigen Militärbehörde.

14. Außerpreußische, deutsche Landesbeamte (§ 1315):
Erlaubnis der zuständigen Behörde, wenn solche vorgeschrieben ist.

15. Rechtsrheinische Bayern:
Verehelichungszeugnis der zuständigen bayerischen Behörde.

III*. Für Ausländer (§ 1315) und zwar, statt der Nachweise zu II, für:

1. Männer und Frauen:

---

*) Fassung nach Nr. II des Runderlasses vom 13. März 1903 (BMBl. S. 28).

a) Zeugnis der zuständigen Heimatbehörde über das Nichtbekanntsein von Ehehindernissen oder

b) Befreiung durch den Justizminister.

2. Männer:

a) Zeugnis ihrer Heimatbehörde, betreffend Übertragung der Staatsangehörigkeit auf Frau und Kinder oder

b) Befreiung durch den Minister des Innern, zu 1 und 2 nach näherer Bestimmung des Erlasses vom 13. März 1903*.

Diese Befreiung ist ein für allemal erteilt den Angehörigen von

Belgien, Dänemark, Frankreich, Großbritannien, Italien, Luxemburg, Niederlande, Österreich-Ungarn, Rumänien, Schweden und Norwegen, Schweiz, Spanien, Vereinigten Staaten von Nordamerika.

Bemerkungen.

Zu Nr. II 13. Der Vorlegung der Militärpapiere bedarf es nur, wenn Zweifel entstehen, ob der Verlobte etwa zu den Militärpersonen gehört; ausgehobene Rekruten gehören zu den Militärpersonen.

Militärpflichtige sind darauf hinzuweisen, daß ihre Verheiratung auf ihre Verpflichtung zum aktiven Dienst ohne Einfluß ist, besonders eine Reklamation nicht begründen kann.

Zu Nr. III 2. Inländerinnen, die einen Ausländer heiraten wollen, sind auf den Verlust ihrer

*) Zu vgl. Anm. 4 b α zu § 1315 BGB. — s. S. 75.

deutschen Staatsangehörigkeit und dessen mögliche Folgen (Ausweisung nach dem Auslande usw.) hinzuweisen.

III. Anzeigepflicht des Standesbeamten.

1. Über die Anzeigepflicht des Standesbeamten gegenüber dem Vormundschaftsgericht trifft das (Reichs-) Gesetz über die Angelegenheiten der freiwilligen Gerichtsbarkeit vom 17. Mai 1898 (Fassung vom 20. Mai 1898 — RGBl. S. 771 — folgende Bestimmung:

§ 48. Wird bei einem Standesbeamten der Tod einer Person[1], die ein minderjähriges[2] Kind hinterlassen hat, oder die Geburt eines ehelichen Kindes nach dem Tode des Vaters oder die Geburt eines unehelichen Kindes[3] oder die Auffindung eines Minderjährigen, dessen Familienstand nicht zu ermitteln ist, angezeigt oder wird vor einem Standesbeamten von einer Frau, die ein minderjähriges eheliches Kind hat, eine Ehe geschlossen[5], so hat der Standesbeamte hiervon dem Vormundschaftsgericht Anzeige zu machen.

[1]) Mann oder Frau: §§ 1686 (1640), 1687 BGB. (Tod des Vaters), § 1640 BGB. (Tod der Mutter).

[2]) wenn auch nicht unter elterlicher Gewalt stehendes (uneheliche Kinder, Vorkinder der wiederverheirateten Witwe), und zwar wegen der Anordnung betreffs der Sorge für die Person des Kindes: vgl. §§ 1696, 1697, 1707 BGB.

[3]) Vgl. §§ 1707, 1773 BGB.

[4]) § 1773 Abs. 2 BGB., § 24 PStG.

[5]) § 1697 BGB.

2. Zur Ausführung dieser Vorschrift dienen:

a) Allgemeine Verfügung des Justizministers und des Ministers des Innern v. 30. November 1899, betr. die Anzeigepflicht der Standesbeamten beim Vormundschaftsgericht hinsichtlich Minderjähriger (VMBl. S. 228).

Nach § 48 des Reichsgesetzes über die Angelegenheiten der freiwilligen Gerichtsbarkeit vom 17. Mai 1898 (Reichs-Gesetzblatt Seite 189) haben die Standesbeamten dem Vormundschaftsgerichte Anzeige zu machen:

1. wenn bei ihnen der Tod einer Person angezeigt wird, die ein minderjähriges Kind hinterlassen hat;
2. wenn bei ihnen
   a) die Geburt eines ehelichen Kindes nach dem Tode des Vaters oder
   b) die Geburt eines unehelichen Kindes angezeigt wird;
3. wenn vor ihnen von einer Frau, die ein minderjähriges Kind hat, eine Ehe geschlossen wird;
4. wenn bei ihnen die Auffindung eines Minderjährigen, dessen Familienstand nicht zu ermitteln, angezeigt wird.

Zur Ausführung dieser gesetzlichen Vorschriften bestimmen wir, daß die Standesbeamten sich bei Erstattung der Anzeigen gemäß Ziffer 1 bis 3 oben eines Formulars zu bedienen haben nach den beiliegenden Mustern 1 bis 3 (Anl. a — vgl. unten b) —, b, c, während für die selteneren Fälle der Ziffer 4 ihnen die Fassung der Anzeige überlassen bleibt.

Die Oberpräsidenten, in den Hohenzollernschen Landen der Regierungspräsident, können auf Antrag Abweichungen von den Mustern, insbesondere für große Standesämter

Formulare in Tabellenform einstweilig oder dauernd gestatten, soweit örtliche Verhältnisse dies wünschenswert machen. Vor der Entscheidung ist tunlichst den zunächst beteiligten Vormundschaftsgerichten Gelegenheit zur Äußerung zu geben.

Die Anzeigen sind von den Standesbeamten in der Regel dem für ihren Amtssitz zuständigen Amtsgerichte unmittelbar einzureichen, welches sie im Falle seiner Unzuständigkeit an das zuständige Gericht weiterbefördert. Wo die dem Gemeindewaisenrat obliegenden Verrichtungen besonderen Abteilungen oder schon bestehenden Organen der Gemeindeverwaltung übertragen worden sind, kann mit Genehmigung des Oberpräsidenten, in den Hohenzollernschen Landen des Regierungspräsidenten, die Einreichung durch die Hand des Gemeindewaisenrats erfolgen, damit dieser vor der Weitergabe auf den Anzeigen verzeichnet, welche Personen er als Vormund oder Gegenvormund in Vorschlag bringt.

Die Absendung ist von den Standesbeamten auf einem besonderen Bogen in den Sammelakten des Sterbe-, Geburts- oder Heiratsregisters kurz zu vermerken; es genügt die Nummer der Registereintragung und das Datum der Absendung. Die Vollständigkeit dieser Nachweisbogen ist an der Hand der Register bei Revision der Standesämter durch die Aufsichtsbehörden zu prüfen.

Die für die beteiligten Verwaltungsbehörden erforderlichen Exemplare dieses Erlasses liegen bei. Die zum Gebrauch benötigten Formulare 1, 2 und 3 können von der Firma Carl Heymanns Verlag, Berlin W. 8, oder nach Belieben anderwärts bezogen werden. Die Kosten fallen als sächliche Ausgaben für die Verwaltung der Standesämter den Gemeinden zur Last.

a.

Dieses Formular ist ersetzt durch das in dem Runderlaß vom 27. Januar 1904 bestimmten Formular 1 — unter b (S. 169). —

b.

Standesamt
Nr.

, den ten 19

Es ist bei mir angezeigt worden, daß
die Witwe — geschiedene — unverehelichte —
wohnhaft in
am ten 19 in
ein Knaben — Mädchen — geboren hat,
welchem die Vornamen
beigelegt sind
(Nr. des Geburtsregisters 19).

Der Vater des Kindes ist am
ten 19 gestorben und war
Konfession.

Die uneheliche Mutter ist
Konfession.

Ich mache hiervon gemäß § 48 des Reichsgesetzes über die Angelegenheiten der freiwilligen Gerichtsbarkeit vom 17. Mai 1898 Anzeige.

Der Standesbeamte.

An
das Königliche Amtsgericht, Abteilung
für Vormundschaftssachen
in

Formular 2. Anzeige von der Geburt eines ehelichen nachgeborenen oder eines unehelichen Kindes.

c.

Standesamt
Nr.

, den ten 19

Die Witwe — geschiedene —
geboren
wohnhaft gewesen in
hat am
mit dem
wohnhaft in
vor mir die Ehe geschlossen (Nr. des Heirats-register 19).

Die Genannte hat aus der Ehe mit dem verstorbenen — noch lebenden — minderjährige Kind

Der Vater de Kind war — ist — Konfession.

Ich mache hiervon gemäß § 48 des Reichsgesetzes über die Angelegenheiten der freiwilligen Gerichtsbarkeit vom 17. Mai 1898 Anzeige.

Der Standesbeamte.

An
das Königliche Amtsgericht, Abteilung
für Vormundschaftssachen
in

Formular 3. Anzeige von der Eheschließung einer Frau, die minderjährige Kinder hat.

b) Runderlaß des Justizministers und des Ministers des Innern an die Oberpräsidenten und den Regierungspräsidenten in Sigmaringen vom 27. Januar 1904 (BMBl. S. 30).

Die gemäß § 48 des Reichsges. über die Angelegenheiten der freiwilligen Gerichtsbarkeit vom 17. Mai 1898 den Standesbeamten obliegende Anzeige von dem Tode einer Person, welche minderjährige Kinder hinterläßt, ist dem Vormundschaftsgericht in Zukunft nicht mehr nach dem mittels Runderlasses vom 20. November 1899 — a — mitgeteilten Formular 1, sondern unter Anwendung des beifolgenden Formulars 1 zu erstatten.

Des weiteren bestimmen wir, daß die Standesbeamten in Zukunft auch von dem Tode eines minderjährigen unehelichen Kindes und von der Legitimation eines solchen durch nachfolgende Ehe der Eltern dem Vormundschaftsgericht Anzeige zu erstatten und sich hierzu der anliegenden Formulare 2 und 3 zu bedienen haben.

Durch diese im Interesse der sämtlichen beteiligten Behörden liegende Erweiterung der Anzeigepflicht erwächst den Standesbeamten keine Verpflichtung zur Anstellung von Ermittlungen, sie sind vielmehr nur gehalten, von den amtlich bei ihnen zur Anzeige gekommenen Vorgängen und — soweit die Anzeige gemäß dem Formular 1 in Betracht kommt — von den ihnen gelegentlich der Aufnahme der Sterbeurkunde gemachten zuverlässigen Mitteilungen dem Amtsgericht Anzeige zu machen.

Diese Anzeigen sind, um den Standesbeamten von der im Einzelfalle für ihn zuweilen schwierigen Ermittlung des zuständigen Vormundschaftsgerichts zu entlasten, stets an das für seinen Amtssitz allgemein zuständige Amtsgericht zu erstatten, welchem im Falle der eigenen Unzuständigkeit die Weiterbeförderung an das zuständige Vormundschaftsgericht obliegt (vgl. Runderlaß vom 20. November 1899 — a —). Die Amtsgerichte werden von mir, dem Justizminister, darauf hingewiesen werden, daß die letztgedachte Verpflichtung sich auch auf die neu einzuführenden Anzeigen erstreckt.

Die Anzeige gemäß dem Formular 3 ist für diejenigen Fälle, in welchen der preußische Standesbeamte, vor dem die Eltern des zu legitimierenden Kindes die Ehe schließen oder geschlossen haben, die Anerkennung des Kindes beurkundet (§ 15 BRV. und Nr. 1 des Runderlasses vom 18. Oktober 1899 — oben I —), von diesem Standesbeamten zu erstatten, und zwar ohne Rücksicht darauf, ob die Geburt des Kindes im Standesregister desselben oder eines anderen Bezirks eingetragen ist. Der Standesbeamte, in dessen Register der Geburtsfall eingetragen ist, hat nur dann selbständige Anzeige zu erstatten, wenn er nach vorgängiger Eheschließung der Eltern seinerseits die Anerkennung des Kindes beurkundet hat (§ 14 Abs. 2 a. a. O.), oder wenn ihm eine vor einer anderen Urkundsperson als vor dem Standesbeamten der Eheschließung (Amtsgericht, Notar) nach geschehener Eheschließung abgegebene Anerkennungserklärung zur Beischreibung im Geburtsregister übermittelt ist (§§ 25, 26 PStG.).

Hierbei kommt indessen in Frage, ob nicht für die Universitätsstädte und diejenigen Orte, in welchen sich größere Entbindungsanstalten befinden, die Anzeigepflicht der letzterwähnten Standesbeamten auf die von ihnen selbst beurkundeten Anerkennungserklärungen zu beschränken ist. Denn die Fortdauer persönlicher Beziehungen der Eltern zu dem Geburtsorte des Kindes wird nur dann angenommen werden können, wenn die Anerkennungserklärung vor dem Standesbeamten des Geburtsortes abgegeben worden ist, und es erscheint zweifelhaft, ob sich nicht eine unverhältnismäßige Inanspruchnahme der Standesbeamten sowie der zur Ermittlung der zuständigen Vormundschaftsgerichte verpflichteten Amtsgerichte dieser Städte ergeben würde, wenn die Anzeigepflicht alle den Standesbeamten von außerhalb zugehenden öffentlichen Urkunden über Anerkennungserklärungen umfassen würde. Euer Exzellenz überlassen wir, diese Frage nach

Benehmen mit dem zuständigen Oberlandesgerichtspräsidenten näher zu prüfen und das Geeignete mit Rücksicht auf die lokalen Verhältnisse zu verfügen.

Insoweit über die Verwendung anderer Formulare als der Muster 2 und 3 zwischen den Gerichten und den Standesämtern Einverständnis erzielt ist und die anderen Formulare sich nach Ansicht der Aufsichtsbehörden bewährt haben, ist gegen deren Beibehaltung nichts zu erinnern.

Standesamt 1.

Nr. , den ten 19

Der — Die —
wohnhaft in
ist am in
verstorben (Nr. des Sterberegisters 19).

Der — Die — Verstorbene hat minderjährige Kind hinterlassen aus der Ehe mit
wohnhaft — gestorben — in
und*)

Der Vater — Die uneheliche Mutter — de Kind ist — war — scher Konfession.

Ich mache hiervon gemäß § 48 des Reichsgesetzes über die Angelegenheiten der freiwilligen Gerichtsbarkeit vom 17. Mai 1898 Anzeige.

Der Standesbeamte

An
das Königliche Amtsgericht
Abteilung für Vormundschaftssachen
in

*) Falls der oder die Verstorbene minderjährige Kinder aus einer früheren Ehe oder die Verstorbene neben ehelichen auch uneheliche Kinder hinterlassen hat, ist dies unter Angabe der Zahl der Kinder anzugeben. Hat die Verstorbene nur minderjährige uneheliche Kinder hinterlassen, so sind die Worte „aus der Ehe mit“ bis „und“ zu streichen.

Standesamt 2.

Nr. , den ten 19

Das von der

am ten 19 in

außerehelich geborene Kind mit Namen

ist am ten 19 in

gestorben (Sterberegister Nr.).

Zwecks Aufhebung der Vormundschaft über dieses Kind mache ich hiervon Anzeige.

Der Standesbeamte

An

das Königliche Amtsgericht

in

Standesamt 3.

Nr. , den ten 19

Der

wohnhaft in , welcher am ten 19

vor dem Standesamt in mit der

wohnhaft in die Ehe geschlossen hat (Heiratsregister Nr.), hat — vor dem unterzeichneten Standesbeamten — vor dem Königlichen Amtsgericht in — vor dem Notar in — das von seiner nunmehrigen Ehefrau am ten 19 in geborene Kind (Geburtsregister Nr.) als von ihm erzeugt anerkannt.

Zwecks Aufhebung der Vormundschaft über dieses Kind mache ich hiervon Anzeige.

Der Standesbeamte

An

das Königliche Amtsgericht

in

IV. Erweiterung der Zuständigkeit des Standesbeamten.

Das BGB. enthält mehrere Bestimmungen, zufolge deren eine Änderung in den Personenstandsverhältnissen einer Person eintritt, welche die Richtigstellung der betreffenden Eintragung in das Standesregister erforderlich oder doch erwünscht macht.

Diese Änderung der Personenstandsverhältnisse beruht auf urkundlichen Erklärungen der Beteiligten. Einige der Erklärungen erfordern eine öffentliche Urkunde, andere bedürfen der öffentlich beglaubigten Form; sie sind der zuständigen Behörde gegenüber abzugeben, d. h. sie müssen dieser Behörde zugehen, ohne daß es der Abgabe vor der Behörde bedarf. Das BGB. selbst enthält über die Form der öffentlichen Urkunde sowie darüber, welche Behörde für die Entgegennahme der Erklärungen zuständig sein soll, keine Bestimmungen. Die Zuständigkeit für die öffentliche Beglaubigung ist im allgemeinen in § 167 FGG. geregelt: die Amtsgerichte und die Notare sind die Beurkundungs- und Beglaubigungsbehörden. Als Behörde für die Entgegennahme der Erklärungen bot sich der Standesbeamte, da, wie bemerkt, die Eintragung der betreffenden Vermerke, wenn auch nicht unbedingt erforderlich, so doch sehr zu empfehlen ist (zu vgl. §§ 25, 26 des Personenstandsges.). Zur Erleichterung der Ausführung wurde dabei die Zuständigkeit des Standesbeamten erweitert: er ist nicht nur zur Entgegennahme der Erklärungen zuständig, sondern er kann auch die für diese Erklärungen vorgeschriebene Form selbst erfüllen, er kann diese Erklärungen aufnehmen mit der Wirkung, daß die Aufnahme eine öffentliche Urkunde ist, bzw. er kann die öffentliche Beglaubigung dieser Erklärungen bewirken, sofern es sich nicht um die Beglaubigung eines Handzeichens handelt. Diese Anordnung trifft § 167 FGG. sowie auf Grund des § 191 FGG., Art. 68 AG.BGB. Neben dieser Zuständigkeit des Standesbeamten bleibt die Zuständigkeit der Amtsgerichte und Notare für Beurkundungen und öffentliche Beglaubigungen, die, wie gesagt, reichsgesetzlich geregelt ist, selbstverständlich bestehen; für die Beglaubigung von Handzeichen ist diese Zuständigkeit eine ausschließliche*.

1. Die betreffenden Vorschriften des BGB. sind folgende:

a) Anerkennung der Vaterschaft.

§ 1718. Wer seine Vaterschaft nach der Geburt des Kindes (d. h. eines unehelichen Kindes) in einer öffentlichen Urkunde — unten 2a — anerkennt, kann sich nicht

---

*) Verfügung des Min. d. Innern v. 2. Februar 1901 (BMBl. S. 72). Die Rechtslage ist folgende: Wenn die Beteiligten vor dem zur Entgegennahme ihrer Erklärungen zuständigen Standesbeamten in Person erscheinen, so kann der ganze Rechtsakt, sofern sie alle ihren Namen zu schreiben imstande sind (vgl. § 129 Abs. 1 Satz 2, § 126 Abs. 1 BGB., Art 68 § 3 AG.BGB.) einheitlich dort erledigt werden. Können oder wollen aber die Erklärenden oder will ein Teil derselben nicht persönlich vor dem zuständigen Standesbeamten erscheinen, so steht es ihnen in jedem Falle frei, ihre Erklärungen gerichtlich oder notariell beglaubigen oder beurkunden zu lassen und dann Sorge zu tragen, daß sie dem zur Entgegennahme zuständigen Standesbeamten übermittelt werden. Mit dem Eingange bei diesem sind dann die Erklärungen „gegenüber der zuständigen Behörde" abgegeben

darauf berufen, daß ein Anderer der Mutter innerhalb der Empfängniszeit beigewohnt habe.

§ 1720 Abs. 2. Erkennt der Ehemann seine Vaterschaft nach der Geburt des Kindes in einer öffentlichen Urkunde — unten 2a — an, so wird vermutet, daß er der Mutter innerhalb der Empfängniszeit beigewohnt habe.

b) α) Namensführung einer geschiedenen Frau.

§ 1577. Die geschiedene Frau behält den Familiennamen des Mannes.

Die Frau kann ihren Familiennamen (Mädchennamen) wieder annehmen*. War sie vor der Eingehung der geschiedenen Ehe verheiratet, so kann sie auch den Namen wieder annehmen, den sie zur Zeit der Eingehung dieser Ehe hatte (den Namen des ersten Ehemanns), es sei denn, daß sie allein für schuldig erklärt ist. Die Wiederannahme des Namens erfolgt durch Erklärung gegenüber der zuständigen Behörde; die Erklärung ist in öffentlich beglaubigter Form abzugeben — vgl. unten 2b § 1.

Ist die Frau allein für schuldig erklärt, so kann der Mann ihr die Führung seines Namens untersagen. Die Untersagung erfolgt durch Erklärung gegenüber der

---

*) Schließt eine Frau, die nach der Scheidung von ihrem früheren Ehegatten ihren Familiennamen wieder angenommen hat, eine neue Ehe, so ist bei der Eintragung in das Heiratsregister (vgl. § 54 Abs. 1 Nr. 1 PStG.) eine Bezeichnung derselben, durch welche sie als geschiedene Ehefrau kenntlich gemacht wird („separierte A.") unzulässig. Beschl. d. KG. v. 17. Dezbr. 1910 (Jahrb. 21, 49, Rf. 2, 7).

zuständigen Behörde; die Erklärung ist in öffentlich beglaubigter Form abzugeben — vgl. unten 2b § 1. — Die Behörde soll der Frau die Erklärung mitteilen. Mit dem Verluste des Namens des Mannes erhält die Frau ihren Familiennamen wieder.

β) Erteilung des Namens des Ehemanns der Mutter an ein uneheliches Kind.

§ 1706. Das uneheliche Kind erhält den Familiennamen der Mutter.

Führt die Mutter infolge ihrer Verheiratung einen anderen Namen, so erhält das Kind den Familiennamen, den die Mutter vor der Verheiratung geführt hat. Der Ehemann der Mutter (der nicht der Vater des Kindes ist) kann durch Erklärung gegenüber der zuständigen Behörde dem Kinde mit Einwilligung des Kindes (wenn es minderjährig ist, mit Einwilligung des gesetzlichen Vertreters — Vormund oder, wenn die Mutter die Vormundschaft führt, ein besonders zu diesem Zweck zu bestellender Pfleger —) und der Mutter seinen Namen erteilen; die Erklärung des Ehemanns, sowie die Einwilligungserklärungen des Kindes und der Mutter sind in öffentlich beglaubigter Form abzugeben — vgl. 2b § 2.

Zusätze.

1. a) Verfügung des Min. d. Inn. vom 9. Mai 1901, betr. die Vertretung Minderjähriger durch den Vormund bei Abgabe standesamtlicher Erklärungen (BMBl. S. 146).

Bei Handhabung des § 1706 Abs. 2 BGB. sind Zweifel darüber entstanden, ob ein minderjähriges über sieben Jahre altes Kind die Einwilligung zu der Erklärung, wodurch ihm der Name des Ehemannes seiner Mutter erteilt wird, unter Zustimmung des gesetzlichen Vertreters in Person erklären muß oder ob der Vormund an seiner Stelle die Erklärung abgeben kann. Zur Beseitigung dieser Zweifel bemerke ich folgendes:

Im BGB. sind diejenigen Fälle einzeln und ausdrücklich bestimmt, in denen die Vornahme von Rechtshandlungen für die in der Geschäftsfähigkeit beschränkten Personen durch ihre gesetzlichen Vertreter ausgeschlossen ist. Im übrigen greift für die Befugnis des Vormundes zur Vertretung des Mündels § 1793 BGB. in der Weise Platz, daß die für den Mündel abgegebenen Willenserklärungen unmittelbar für und gegen den Vertretenen wirken (§ 164 a. a. O.). Hiernach kann auch im Falle des § 1706 BGB. der Vormund an Stelle des Minderjährigen die Einwilligung zur Erteilung des Namens des Ehemannes der Mutter rechtswirksam erklären.

Neben der Vertretungsmacht des Vormundes bleibt indes die eigene durch die Zustimmung des Vormundes bedingte Geschäftsfähigkeit des über sieben Jahre alten Mündels bestehen.

Während daher für einen Minderjährigen, der das siebente Lebensjahr nicht vollendet hat, der Vormund allein die betreffende Erklärung abzugeben hat, kann bei älteren in der Geschäftsfähigkeit nur beschränkten Minderjährigen die Erklärung entweder von dem Vormunde allein oder von dem Minderjährigen persönlich mit Einwilligung des Vormundes — vgl. unten 2 — abgegeben werden.

b) Wenn der Vormund oder Pfleger die Einwilligung oder Zustimmung nicht geben will und aus diesem Grunde die Erklärung des Vaters wirkungslos ist, so steht dem über 14 Jahre alten Kinde das Beschwerderecht zu (§ 59 FGG.). Daher ist die Zuziehung des Kindes, wenn es das vierzehnte Jahr vollendet hat, stets rätlich, falls sie nicht aus besonderen Gründen ausgeschlossen werden soll.

2. **Verfügung des Ministers des Innern vom 24. März 1904, betr. die Vermeidung nichtiger Eintragungen in den Standesregistern bezüglich des Namens unehelicher Kinder** (BMBl. S. 83).

Aus Anlaß eines hier zur Sprache gebrachten Einzelfalls ersuche ich Ew. rc., zur Vermeidung nichtiger Eintragungen in den Standesregistern die Standesbeamten dahin mit Weisung zu versehen, daß sie

a) eine ihnen von außerhalb in gerichtlich oder notariell beglaubigter Form zugehende Erklärung des Ehemannes der Mutter, durch welche dieser ihrem unehelichen Kinde seinen Namen erteilt (§ 1706 Abs. 2 Satz 2), nur dann entgegennehmen und zum Gegenstand einer Eintragung machen dürfen, wenn die erforderlichen Einwilligungserklärungen entweder bereits vorher vorlagen oder spätestens gleichzeitig mit der erst gedachten Erklärung eingehen;

b) die Aufnahme und Beglaubigung einer entsprechenden Erklärung des persönlich erscheinenden Ehemannes der Mutter so lange abzulehnen haben, als nicht die Einwilligungserklärungen der Mutter und des Kindes (Vormundes) entweder in gehörig beglaubigter Form vorgelegt oder von diesen persönlich abgegeben sind.

Ich bemerke hierzu noch folgendes:

1. Da das BGB. (§ 183) unter „Einwilligung" die vorherige Zustimmung zur Vornahme eines Rechtsgeschäfts versteht, so muß die Einwilligung der Mutter und des Kindes (an dessen Stelle im Falle seiner Geschäftsunfähigkeit die Erklärung von dem Vormund abgegeben werden muß, im Falle beschränkter Geschäftsfähigkeit von diesem abgegeben werden kann, §§ 104, 107, 1793 BGB.) der Erklärung des Ehemannes der Mutter vorangehen; anderenfalls ist die letztgedachte Erklärung unwirksam und kann auch durch nachträgliche Genehmigung der Mutter oder des Kindes nicht wirksam werden.

2. Wenn das über 7 Jahre alte Kind selbst die Einwilligungserklärung abgibt, muß ferner die hierzu erforderliche Einwilligung des Vormundes der Einwilligungserklärung des Kindes vorangehen, widrigenfalls die letztere Erklärung unwirksam ist und auch durch nachträgliche Genehmigung des Vormundes nicht wirksam werden kann (§ 111 Satz 1 BGB.). In diesem Falle ergibt sich folgende zeitliche Folge der Erklärungen:

a) Einwilligung des Vormundes,

b) Einwilligung des Kindes,

c) Erklärung des Ehemanns der Mutter (außerdem vor c Einwilligung der Mutter).

3. Die sonach in jedem Falle den Schluß sämtlicher Erklärungen bildende Erklärung des Ehemannes der Mutter wird gemäß § 130 Abs. 3 BGB. erst in dem Zeitpunkte wirksam, in welchem sie dem zu ihrer Entgegennahme zuständigen Standesbeamten zugeht. Die Zeitfolge, in der die verschiedenen Erklärungen abgegeben worden sind, ist daher gleichgültig, insofern sie nur in dem zuletzt erwähnten Zeitpunkte sämtlich vorliegen. Dies gilt insbesondere auch dann, wenn im Falle zu 2 der Vormund der Einwilligungserklärung des Kindes erst nachträglich zugestimmt hat.

Die Einwilligung des Vormundes zu der förmlichen Einwilligungserklärung des Kindes — Fall 2 — ist beim Mangel einer ausdrücklichen gesetzlichen Bestimmung an eine Formvorschrift nicht gebunden, so daß z. B. eine einfache schriftliche Erklärung hierfür genügen würde.

3. Die Namenserteilung nach § 1706 BGB. ist vom Inkrafttreten des BGB. an auch an früher geborene uneheliche Kinder zulässig, gleichviel ferner, ob die Ehe vor oder nach dem 1. Januar 1900 geschlossen ist (gemäß Art. 208 EG.BGB.).

— Der Adel bzw. das Adelsprädikat kann nur mit landesherrlicher Genehmigung übertragen werden. (Verf.

des Min. d. Inn. v. 14. Mai 1900 — MBl. S. 173 —). Zuständig für die Entscheidung über die Zugehörigkeit eines preußischen Staatsangehörigen zum Adelsstande oder zu einer bestimmten Adelsstufe ist ausschließlich die Adelsbehörde (das Heroldsamt). Beschl. d. KG. vom 21. Mai 1908 — vgl. Anm. 1 b δ zu § 65 des PStG.

2. Die Vorschriften über die Zuständigkeit des Standesbeamten sind folgende:

a) Anerkennung der Vaterschaft.

α) (Reichs-)Gesetz über die Angelegenheiten der freiwilligen Gerichtsbarkeit v. 17./20. Mai 1898 (RGBl. S. 771).

§ 167 Abs. 2. Für die öffentliche Beglaubigung einer Unterschrift sind außer den Notaren die Amtsgerichte zuständig. Das gleiche gilt für die Aufnahme der im § 1718 und im § 1720 Abs. 2 BGB. — Nr. 1a — vorgesehenen öffentlichen Urkunden über die Anerkennung der Vaterschaft; für die Aufnahme dieser Urkunden ist, wenn die Anerkennung der Vaterschaft bei der Anzeige der Geburt des Kindes oder bei der Eheschließung seiner Eltern erfolgt — vgl. β —, auch der Standesbeamte zuständig, welcher die Geburt oder die Eheschließung beurkundet. — Zu vgl. Form. A 3, A 4 und B 2.

β) (Preuß.) Ausführungsgesetz zum Bürgerlichen Gesetzbuche vom 20. September 1899 (GS. S. 177).

Art. 70. Für die Aufnahme der im § 1718 und im § 1720 Abs. 2 BGB. — Nr. 1a — vorgesehenen öffentlichen Urkunden über die Anerkennung der Vaterschaft ist der Standesbeamte, welcher die Geburt des Kindes oder die Eheschließung seiner Eltern beurkundet hat, auch dann zuständig, wenn die Anerkennung der Vaterschaft nicht bei der Anzeige der Geburt oder bei der Eheschließung erfolgt.

Beantragt bei einer vor dem Gericht oder einem Notar erfolgenden Anerkennung der Erklärende die Beischreibung eines Vermerkes im Geburtsregister, so hat das Gericht oder der Notar die Erklärung und den Antrag dem zuständigen Standesbeamten mitzuteilen.

— Zu vgl. § 25 PStG. und §§ 14 bis 16 BRV. nebst Zus., ferner die gerichtlichen Formulare VS. 31, 32 und FG. 8.

b) Erklärungen über den Familiennamen.

(Preuß.) Ausführungsgesetz zum Bürgerlichen Gesetzbuche vom 20. September 1899 (GS. S. 177).

Art. 68. — § 1. Für die Entgegennahme und die öffentliche Beglaubigung der im § 1577 Abs. 2, 3 BGB. — Nr. 1 b α — bezeichneten Erklärungen über den Namen einer geschiedenen Frau ist, wenn die geschiedene Ehe vor einem preußischen Standesbeamten geschlossen war, dieser zuständig*. Anderenfalls ist für die Entgegen-

---

*) Zu vgl. Anm. * S. 172.

Als Muster für die Entgegennahme dieser Erklärungen dienen die folgenden (vgl. Form B 2):

a) Namslau, 5. Januar 1910.

Vor dem unterzeichneten Standesbeamten erschien heute, der Persönlichkeit nach bekannt, die geschiedene Ehefrau des Dienstknechts Hermann Philipp Naumann, Amalie geborene Schmidt, wohnhaft in Berlin und erklärte unter Vorlegung

nahme das Amtsgericht zuständig, in dessen Bezirke der Erklärende seinen Wohnsitz oder seinen gewöhnlichen Aufenthalt hat; das Gericht soll die Erklärung dem Standesbeamten, vor welchem die Ehe geschlossen war, mitteilen.

Die Erklärung ist am Rande der über die Eheschließung bewirkten Eintragung zu vermerken*.

---

des am 28. Dezember 1909 rechtskräftig gewordenen Urteils des Königlichen Landgerichts I in Berlin, daß sie ihren Familiennamen Schmidt wieder annehme.

Vorgelesen, genehmigt und unterschrieben

Amalie Schmidt.

Der Standesbeamte.

N.

b) Namslau, 5. Januar 1910.

Vor dem unterzeichneten Standesbeamten erschien heute, der Persönlichkeit nach durch den von Person bekannten, in Namslau wohnhaften Arbeiter Friedrich Schultze anerkannt der Dienstknecht Hermann Philipp Naumann, wohnhaft in Berlin, und erklärte unter Vorlegung des am 28. Dezember 1909 rechtskräftig gewordenen Urteils des Königlichen Landgerichts I in Berlin, daß er seiner von ihm geschiedenen Frau Amalie geborene Schmidt die Führung seines Namens Naumann untersage.

Vorgelesen usw.

*) Der Vermerk kann wie folgt gefaßt werden:

a) Die geschiedene Amalie Naumann geborene Schmidt aus Belzig hat durch öffentlich beglaubigte Erklärung vom 5. Januar 1910 den Familiennamen Schmidt wieder angenommen.

b) Der Dienstknecht Hermann Philipp Naumann in Berlin hat seiner geschiedenen Frau Amalie geborene Schmidt die Führung seines Familiennamens Naumann durch öffentlich beglaubigte Erklärung vom 5. Januar 1910 untersagt.

§ 2. Für die Entgegennahme und die öffentliche Beglaubigung der Erklärung, durch welche der Ehemann der Mutter eines unehelichen Kindes diesem seinen Namen erteilt, sowie der Einwilligungserklärungen des Kindes und der Mutter — Nr. 1b β — ist, wenn die Geburt des Kindes im Geburtsregister eines preußischen Standesbeamten eingetragen ist oder wenn die Erklärung bei der Eheschließung vor einem preußischen Standesbeamten erfolgt, der Standesbeamte zuständig*. Anderenfalls ist

---

*) Zu vgl. Anm. * S. 172 und Zus. 2 S. 176f.

Als Muster für die Entgegennahme einer solchen Erklärung diene folgendes:

Münster, 8. Juli 1901.

Vor dem unterzeichneten Standesbeamten erschien heute

1. der Kutscher Theodor Lampe, der Persönlichkeit nach bekannt, wohnhaft in Münster,

2. dessen Ehefrau Katharina geb. Licht, der Persönlichkeit nach durch den von Person bekannten, in Münster wohnhaften Dienstmann Anton Leichtfuß anerkannt, wohnhaft in Münster,

3. der Fuhrherr Johann Wagener, der Persönlichkeit nach bekannt, wohnhaft in Münster.

Der Erschienene zu 1. erklärte zunächst:

Die Erschienene zu 2., meine Ehefrau, mit der ich laut der hiermit vorgelegten Heiratsurkunde in Burgsteinfurt am 5. Mai 1901 die Ehe geschlossen habe, hat vor Eingehung der Ehe mit mir am 28. Dezember 1897 in Münster ein uneheliches Kind Namens Franz Kaspar Licht geboren, wie das Geburtsregister des hiesigen Standesamts ergibt (oder wie die hiermit übergebene Geburtsurkunde ergibt). Diesem Kinde beabsichtige meinen Familiennamen zu erteilen.

Die Erschienene zu 2. und der Erschienene zu 3., dieser als Vormund des genannten Kindes, seine Bestallung mit der Bitte um Rückgabe vorlegend, erklärten:

für die Entgegennahme das Amtsgericht zuständig, in dessen Bezirke der Ehemann seinen Wohnsitz oder seinen gewöhnlichen Aufenthalt hat.

Erfolgt die Erklärung über die Erteilung des Namens nicht gegenüber dem Standesbeamten, in dessen Geburtsregister der Geburtsfall eingetragen ist, so soll die zuständige Behörde sie dem Standesbeamten mitteilen.

Die Erklärung ist am Rande der über den Geburtsfall bewirkten Eintragung zu vermerken*.

§ 3. Die Befugnis des Standesbeamten erstreckt sich nicht auf die Beglaubigung eines Handzeichens.

V. Die gerichtliche Mitwirkung in Standesamtssachen.

Das Personenstandsgesetz überträgt in den §§ 11 und 66 die Entscheidung über den Antrag eines Be-

---

Wir geben unsere Einwilligung zu dieser Namenserteilung.

Der Erschienene zu 1. erklärt darauf:

Ich erteile nun dem gedachten Kinde meinen Familiennamen Lampe, so daß er fortan Franz Kaspar Lampe heißen soll.

Vorgelesen usw.

*) Der Vermerk kann wie folgt gefaßt werden:

Der Kutscher Theodor Lampe in Münster, der am 5. Mai 1901 mit Katharina Licht, der Mutter des nebenbezeichneten, am 28. Dezember 1897 geborenen Franz Kaspar Licht, die Ehe geschlossen hat, hat durch öffentlich beglaubigte Erklärung vom 8. Juli 1901 dem Franz Kaspar Licht den Familiennamen Lampe erteilt.

Münster, 8. Juli 1901.

Der Standesbeamte

N.

teiligten, den Standesbeamten zur Vornahme einer von diesem abgelehnten Amtshandlung anzuweisen, sowie die Anordnung über die Berichtigung einer Eintragung in dem Standesregister dem Gericht erster Instanz und bestimmt dabei, daß für das Verfahren in diesen Angelegenheiten die für Sachen der nichtstreitigen Gerichtsbarkeit geltenden Vorschriften maßgebend sind. Durch § 14 Abs. 2 des genannten Gesetzes ist dem Gericht erster Instanz außerdem die Aufbewahrung der Nebenregister, die nach Ablauf des Kalenderjahrs von dem Standesbeamten der Aufsichtsbehörde (Landrat — in Hohenzollern Oberamtmann — in Stadtgemeinden Regierungspräsident) und von dieser nach erfolgter Prüfung dem Gerichte zuzustellen sind, übertragen. Für alle diese Geschäfte sind die Amtsgerichte zuständig (§ 69 FGG.). Von dem Vorbehalt in § 197 FGG., wonach durch die Landesjustizverwaltung die Aufbewahrung der Nebenregister den Landgerichten übertragen werden kann, ist kein Gebrauch gemacht. Nur für den bisherigen Geltungsbereich des Rheinischen Rechtes bleiben (bis zu einer anderen Anordnung des Justizministers) für die Geschäfte, die den Gerichten in Ansehung der bis zum 1. Januar 1876 geführten Standesregister obliegen, die Landgerichte zuständig (Art. 133 Pr.FGG.; zu vgl. dazu Beschl. des Kammergerichts vom 10. Dezbr. 1900 — Jahrb. Bd. 21 S. 53 —).

Das Verfahren anlangend, so wird zunächst auf die in Betracht kommenden Vorschriften des § 11 und der §§ 65, 66, sowie des § 14 des Personenstandsgesetzes verwiesen. In der Anm. zu § 65 sind insbesondere die Voraussetzungen des Berichtigungsverfahrens erörtert. Über die Berichtigung offenbarer Schreibfehler vgl. § 18 BRB. — oben I. — Im übrigen sind folgende Punkte hervorzuheben:

1. a) Örtlich zuständig ist das Amtsgericht, in dessen Bezirk der Standesbeamte seinen Amtssitz hat. Ausnahmsweise kann mit der Aufbewahrung der Nebenregister durch den Justizminister in Übereinstimmung mit dem Minister des Innern ein anderes Amtsgericht beauftragt werden (§§ 11 Abs. 3, 14 Abs. 2 PStG., Nr. 7 der Bekanntmachung vom 17. Oktober 1899 — Zus. zu § 84 das. —).

b) Die mit der Aufbewahrung der Nebenregister zusammenhängenden Geschäfte liegen dem Gerichtsschreiber ob; insbesondere ist von ihm die Beischreibung und Beglaubigung nachträglicher Eintragungen auf Veranlassung der Aufsichtsbehörde, sowie die Erteilung von Auszügen (vgl. §§ 14 Abs. 3, 15 Abs. 2 und § 16 des Ges.) zu bewirken. (§ 24 BRB. — oben I —, § 53 Abs. 2 d. Gesch.-Ordnung für die Gerichtsschreibereien der Amtsgerichte.)

Der Gerichtsschreiber hat die vollzogene Beischreibung auf der von der Aufsichtsbehörde übersandten beglaubigten Abschrift zu vermerken und diese der Aufsichtsbehörde zurückzusenden. Unrichtigkeiten, die bei der Beischreibung unterlaufen (Fehler im Abschreiben und offenbare Schreibfehler), können auf Anordnung des Gerichts von dem Gerichtsschreiber formlos berichtigt werden.

Schriften, die zu den vom Gericht aufbewahrten Standes- (Neben-) Registern eingehen, werden, nach

Standesamtsbezirken gesondert, zu Sammelakten vereinigt, die von der Vernichtung ausgeschlossen sind (§ 53 Abs. 1 der Gesch.-Ordnung für die Gerichtsschreibereien der Amtsgerichte, § 14 Nr. 2 der Allg. Verf. v. 6. Septbr. 1900).

2. Über das Verfahren, betreffend die Anweisung zur Vornahme einer Amtshandlung und die Berichtigung des Standesregisters insbesondere gilt folgendes:

a) Das Verfahren bewegt sich in den Formen, die für die Angelegenheiten der freiwilligen Gerichtsbarkeit gelten (§§ 11 Abs. 3 Satz 3, 66 Abs. 3 des Ges. § 186 FGG.). Die gerichtliche Entscheidung ergeht also im Beschlußverfahren. Und zwar erfolgt die Berichtigung einer Eintragung im Standesregister auch dann nach diesen Vorschriften, wenn die Eintragung aus der Zeit vor dem 1. Januar 1876 herrührt (Art. 142 PrFGG.).

b) Die gerichtlichen Entscheidungen sind den Beteiligten bekannt zu machen (gemäß § 16 FGG.), in der Regel durch Zustellung. Und zwar sind

α) die eine Berichtigung anordnenden Entscheidungen den Beteiligten unmittelbar zuzustellen, nicht durch Vermittlung der Aufsichtsbehörde, während die ablehnende Entscheidung den Beteiligten durch Vermittlung der Aufsichtsbehörde zuzustellen ist (Runderlaß vom 7. April 1896 in Verbindung mit Just.-Min.-Verf. vom 27. Januar 1902, mitgeteilt durch Verf. d. Min. d. Inn. vom 25. Februar 1902 — BMBl. S. 39 —);

β) die den Standesbeamten zur Vornahme einer Amtshandlung anweisende Entscheidung ist dem Standesbeamten unmittelbar zuzustellen, dem Antragsteller ist sie bekannt zu machen wie die ablehnende — vgl. α — (Verf. vom 20. Juni 1885).

c) Hinsichtlich der Beschwerde ist zu bemerken:

α) Gegen die Ablehnung des Antrags, den Standesbeamten zur Vornahme einer von diesem abgelehnten Amtshandlung anzuweisen, sowie gegen die Ablehnung eines Berichtigungsantrages findet die einfache Beschwerde gemäß § 19 FGG. statt. Die Beschwerde steht jedem zu, dessen Recht durch die Verfügung beeinträchtigt ist (§ 20 FGG.); insbesondere steht gegen die Ablehnung des Berichtigungsantrages auch der Aufsichtsbehörde (Regierungspräsident bzw. Landrat — Oberamtmann —) die Beschwerde zu (vgl. Beschl. d. KG. vom 14. Januar und 24. Juni 1901 — RJ. 2, 10, 153 —).

Dagegen steht dem Standesbeamten gegen die Verfügung, durch die er zur Vornahme einer Amtshandlung angewiesen wird, das Recht der Beschwerde nicht zu; er kann nur Beschwerde im Aufsichtswege erheben (Verf. d. Min. d. Inn. vom 26. September 1875 und Beschl. d. KG. vom 25. Januar 1904 — RJ. 4, 34, Jahrb. 27, 31 —). Auch der Aufsichtsbehörde steht ein Beschwerderecht nicht zu, sofern es sich um die Anweisung zur Vornahme einer Amtshandlung handelt, d. h. eine Verrichtung, deren Vornahme dem Standesbeamten durch das PStG. und die dazu ergangenen Ausführungsverordnungen übertragen ist und auf deren Vornahme die Beteiligten ein Recht haben. Ist die vom Gericht dem Standesbeamten aufgetragene Verrichtung keine Amtshandlung in diesem Sinne, greift sie vielmehr in die allgemeinen Aufsichtsbefugnisse der Verwaltungsbehörde ein (ist z. B. der Standesbeamte angewiesen, eine Abschrift aus den Akten des Standesamts zu erteilen), so ist die Aufsichtsbehörde beschwerdeberechtigt (Beschl. d. KG. vom 22. April 1910 — Jahrb. 39, 33 — und vom 21. Oktober 1910 — RJ. 11, 9 —). Zu vgl. Anm. 3 zu § 66 PStG.

β) Gegen eine Verfügung, durch die angeordnet wird, daß eine Eintragung in dem Standesregister zu berichtigen ist, findet die sofortige Beschwerde statt. Die Verfügung tritt erst mit der Rechtskraft in Wirksamkeit (§ 70 FGG.). Es ist also die die Berichtigung anordnende Verfügung den zur Beschwerde Berechtigten, nämlich außer der Aufsichtsbehörde (Regierungspräsident bzw. Landrat — Oberamtmann —) dem Antragsteller und allen denjenigen Personen, deren Recht durch die Verfügung beeinträchtigt wird, von Amts wegen zuzustellen (§§ 20, 16 FGG.). Dem Standesbeamten steht die Beschwerde nicht zu (Beschl. d. KG. vom 30. Juli 1901 RJ. 2, 158 —), weshalb ihm der Beschluß nicht zuzustellen ist. Erst nach Ablauf der zweiwöchigen Beschwerdefrist und nach Feststellung durch Anfrage beim Gerichtsschreiber des vorgesetzten Landgerichts, daß Beschwerde nicht erhoben ist, wird die Anordnung dadurch vollzogen, daß nunmehr von dem Standesbeamten, dem die von dem Gerichtsschreiber mit dem Zeugnis der Rechtskraft versehene Verfügung von der Aufsichtsbehörde mitgeteilt wird, die Berichtigung durch Beischreibung des Berichtigungsvermerkes am Rande der zu berichtigenden Eintragung bewirkt wird — vgl. unten 4 —.

3. Über die gerichtliche Mitwirkung bei der Entgegennahme der Erklärungen über den Familiennamen und bei der Anerkennung der Vaterschaft sind Art. 68 u. 70 AG.BGB. zu vergleichen — s. oben IV 2 —.

4. Über die geschäftliche Behandlung der Standesamtssachen ist zu bemerken:

a) Außer dem bereits oben unter 1 b) angeführten § 53 enthält § 43 Abs. 1, 20 und 21 der Geschäftsordnung für die Gerichtsschreibereien vom 11. Oktober 1906 (JMBl. S. 304) Vorschriften:

Mit den zu einer Standesamtssache gehörenden Schriften werden Blattsammlungen angelegt. — Die Standesamtssachen (Beschwerden über einen Standesbeamten wegen Ablehnung einer Amtshandlung, Anträge auf Berichtigung der Standesregister mit Ausschluß der die Verwahrung der standesamtlichen Nebenregister betreffenden Geschäfte — vgl. 1 b —) werden in das Beurkundungsregister unter der römischen Zahl III eingetragen. In Spalte 3 ist der Standesamtsbezirk anzugeben. — Die einer Berichtigung des Standesregisters zugrunde liegenden Urkunden und Verhandlungen, welche von der standesamtlichen Aufsichtsbehörde eingereicht sind, sind dieser nach Rechtskraft des Berichtigungsbeschlusses — vgl. b —, nötigenfalls unter Zurückbehaltung von Auszügen und beglaubigten Abschriften, zu übersenden, gleichviel ob die Einreichung alsbald mit dem Antrag oder erst auf nachträgliche Veranlassung stattgefunden hat. Dagegen verbleiben die sonstigen zur weiteren tatsächlichen Aufklärung vom Gerichte veranlaßten Verhandlungen mit dem dem Verfahren zugrunde liegenden Antrage bei der gerichtlichen Blattsammlung. War der Antrag von der standesamtlichen Aufsichtsbehörde eingereicht und wird durch seine Zurückbehaltung die Vollständigkeit der zu übersendenden Urkunden beeinträchtigt, so ist bei der gerichtlichen Blattsammlung nur eine beglaubigte Abschrift zurückzubehalten, der Antrag selbst aber mit zu übersenden. Sind dem Gericht Urkunden ohne Vermittlung der standesamtlichen Aufsichtsbehörde eingereicht, so sind die Urkunden der genannten Behörde mit dem Ersuchen um demnächstige Herausgabe an die zum Empfange berechtigte, genau zu bezeichnende Person zu übersenden. Wird die Berichtigung abgelehnt, so hat die Rücksendung der vom Antragsteller eingereichten Urkunden an diesen, und zwar gleichzeitig mit der Zustellung (ohne Beurkundung — § 16 Abs. 2 FGG. —) zu erfolgen.

b) Über die Fassung und Ausführung der Berichtigungsbeschlüsse*) bestimmt die Rundverfügung des Just.-Min. vom 12. Januar 1904 und Verf. d. Min. d. Inn. vom 31. Januar 1904 (BMBl. S. 32):

(α) Sobald die Rechtskraft des die Berichtigung einer Eintragung im Standesregister aussprechenden Beschlusses

*) Ein Muster gibt das folgende amtliche Formular FG 12:

durch den Gerichtsschreiber zu den Akten bescheinigt ist,

Vfg.

1. Beschluß.

Die Eintragung im — Geburts= — Heirats= — Sterberegister des Königlichen Standesamts in
Jahrgang Urkunde Nr. , ist durch Beischreibung folgenden Vermerks zu berichtigen:

Auf Anordnung des Königlichen Amtsgerichts in
wird berichtigend vermerkt, daß

2. Beschluß ist zuzustellen:
   a) dem Regierungspräsidenten — dem Vorsitzenden des Kreisausschusses des Kreises in
   b)
   c)

3. Nach zwei Wochen (Rechtskraft).

, den 19

Königliches Amtsgericht, Abteilung

Zur Post durch Gerichtsdiener

am

Gerichtsschreiber.

hat das Gericht die standesamtliche Aufsichtsbehörde

Urschriftlich

an die Gerichtsschreiberei des Königlichen Landgerichts , Zivilkammer

in

mit dem Ersuchen um Auskunft, ob gegen den umseitigen Beschluß die sofortige Beschwerde erhoben worden ist.

, den 19

Gerichtsschreiberei des Königlichen Amtsgerichts.

Innerhalb der Notfrist ist ein Beschwerdeschriftsatz beim hiesigen Landgericht nicht eingereicht. Hiermit zurück.

, den 19

Gerichtsschreiberei des Königlichen Landgerichts, Zivilkammer

---

Der Beschluß vom 19 ist rechtskräftig.

, den 19

Gerichtsschreiber des Königlichen Amtsgerichts.

B.

1. Zu schreiben: dem Herrn Regierungspräsidenten — Vorsitzenden des Kreisausschusses des Kreises

   in

   Der Beschluß vom 19 betreffend Urkunde Nr. des — Geburts= — Heirats= — Sterberegisters, Jahrgang des Standesamts in ist rechtskräftig. Die Vorgänge werden beigefügt.
2. Die Vorgänge (außer dem Antrage und den Zustellungsurkunden) sind dem Schreiben zu 1 beizufügen.
3. Akten weglegen, nicht vernichten.

, den 19

(Regierungspräsident bzw. Landrat als Vorsitzender des Kreisausschusses) unter gleichzeitiger Rücksendung der Verhandlungen — α — von der eingetretenen Rechtskraft des Beschlusses zu benachrichtigen und zugleich um die weitere Veranlassung zu ersuchen.

(β) Von einer nochmaligen Mitteilung des der Aufsichtsbehörde bereits früher zugestellten Berichtigungsbeschlusses oder von einer Wiedereinziehung der zugestellten Ausfertigung behufs Beifügung der Rechtskraftbescheinigung ist zur Vermeidung überflüssigen Schreibwerks abzusehen.

(γ) Eine Mitteilung des Berichtigungsbeschlusses an den Standesbeamten findet seitens des Gerichts nicht mehr statt; auch wird es, da der Herr Minister des Innern die vom Gesetze zur Betreibung des Berichtigungsverfahrens berufenen Aufsichtsbehörden gleichzeitig angewiesen hat, die Ausführung der ihnen übermittelten rechtskräftigen Berichtigungsbeschlüsse zu veranlassen und zu überwachen, einer weiteren Kontrolle der Ausführung durch das Gericht der Regel nach nicht bedürfen.

c) Die Nebenregister und die Akten (Blattsammlungen) betreffend die Verhandlungen über die Berichtigung der Standesregister, soweit sie bei dem Gerichte verbleiben — a —, sind von der Vernichtung ausgeschlossen (§§ 9 Nr. 9, 14 Nr. 2 der Allg. Verf. vom 6. September 1900 — JMBl. S. 569 —).

d) Wegen der Kosten ist § 16 des Personenstandsges. nebst Gebührentarif zu dem Gesetze zu vergleichen (vgl. auch § 80 Abs. 2 PrGKG.). Über die Kosten der Beschwerdeinstanz trifft § 108 Nr. 3 PrGKG. Bestimmung.

5. Endlich ist hier noch anzuführen die Bestimmung des § 71 FGG.:

„Sind Vorgänge, die auf Antrag eines Beteiligten in dem Standesregister am Rande einer Eintragung zu vermerken sind (vgl. §§ 25, 26, 55 des Ges.), von einem Notar beurkundet, so gilt dieser als ermächtigt, im Namen des Beteiligten, dessen Erklärung beurkundet ist, die Eintragung des Vermerkes in das Standesregister zu beantragen."

A 1.

Berlin am 25. Oktober 1901.

Vor dem unterzeichneten Standesbeamten erschien heute, der Persönlichkeit nach bekannt, der Regierungsrat Karl Eduard Schulze, wohnhaft in Berlin, Annenstrasse 17, und zeigte an, dass dem nebenbezeichneten Kinde die Vornamen Karl Theodor Anton beigelegt worden seien.

Vorgelesen, genehmigt und unterschrieben.

Karl Eduard Schulze.

Der Standesbeamte.

N.

Nr. 1080.

Berlin am 26. September 1901.

Vor dem unterzeichneten Standesbeamten erschien heute, der Persönlichkeit nach auf Grund seiner Bestallung anerkannt, der Regierungsrat Karl Eduard*) Schulze, wohnhaft in Berlin, Annenstrasse 17, evangelischer Religion, und zeigte an, daß von der Karoline Antonie Henriette Schulze, geborenen Schmidt, seiner Ehefrau evangelischer Religion, wohnhaft bei ihm, zu Berlin in seiner Wohnung am drei und zwanzigs ten September des Jahres tausend neunhundert eins nachmittags um sieben drei viertel Uhr ein Knabe

geboren worden sei und daß das Kind *einen* ——— Vornamen
noch nicht ———
erhalten habe. ———

Vorgelesen, genehmigt und *unterschrieben.* ———

Karl Eduard Schulze.

Der Standesbeamte.

N.

*) Es ist stets Stand oder Gewerbe der Eltern des Kindes anzugeben, ebenso ihre sämtlichen Vornamen, soweit sie bekannt sind.

A 2

Nr. *1081.*

..............................*Berlin* am *26. September* ———— *1901.*

Vor dem unterzeichneten Standesbeamten erschien heute, der Persönlichkeit nach ————————————————

———————————————— *be*kannt,

die Hebamme), Frau Emilie Habermann,* ————

————————————————

wohnhaft in *Berlin, Annenstrasse 11,* ————————

———————— Religion*), und zeigte an, daß von der *Amalie**) Hergenbach, geborenen Schneider, evangelischer Religion, Witwe des am 31. Juli 1901 verstorbenen, zuletzt in Berlin wohnhaft gewesenen Schlächtermeisters Ludwig August Hergenbach,* ———————— *evangelischer* Religion, wohnhaft *in Berlin, Stralauer Strasse 79,* ————————

————————————————

zu *Berlin in der Wohnung der Hergenbach* ————

am ———— *fünf und zwanzigsten September* ———— des Jahres tausend neunhundert *eins* ———————— *vor*mittags um ‡‡ *fünf ein halb* ——— Uhr ein *Mädchen* ——— geboren worden sei und daß das Kind ——— *die* Vornamen *Marie Luise* ——— erhalten habe. *Die Frau Habermann erklärte, daß sie bei der Niederkunft der Hergenbach zugegen gewesen sei***). (Vorstehend 1 Druckwort gestrichen.)* ———

Vorgelesen, genehmigt und *unterschrieben.* ———

Emilie Habermann.

Der Standesbeamte.

In Vertretung.

N.

‡‡ statt „fünf ein halb" muß es heißen: zwei ein halb.
Vor Abschluß der Eintragung berichtigt.
Vorgelesen, genehmigt und unterschrieben.
Emilie Habermann.
Der Standesbeamte.
In Vertretung.
N.

*) Es ist in allen Fällen Stand oder Gewerbe des Anzeigenden anzugeben; die Angabe der Religion ist hier nicht erforderlich, da die Anzeige von einer anderen Person als dem ehelichen Vater oder der Mutter erstattet wird.

**) Es ist stets Stand oder Gewerbe der Eltern des Kindes anzugeben, ebenso ihre sämtlichen Vornamen, soweit sie bekannt sind.

***) In den Fällen des § 18 Nr. 2 bis 4 des Gesetzes ist zu bemerken, daß der Anzeigende bei der Niederkunft zugegen gewesen ist.

A 3.

Nr. *804.*

.... *Leipzig* am *24. Juni* ———— *1901.*

Vor dem unterzeichneten Standesbeamten erschien heute, der Persönlichkeit nach *durch den von Person bekannten, in Leipzig wohnhaften Rentner Ludwig Schäffer* ———— *aner*kannt, *die Waschfrau*) Witwe Henriette Hartwig,* ————

————————————

wohnhaft in *Leipzig, Elbestraße 4,* ————

———— ~~Religion~~*), und zeigte an, daß von der *unverehelichten Fabrikarbeiterin Anna Marie**) Hartwig,*

————————————

———— *katholischer* Religion,

wohnhaft *in Leipzig, Dresdener Straße 18,* ————

————————————

zu *Leipzig in letztgenannter Wohnung* ————

am ———— *zwanzigs*ten *Februar* ———— des Jahres

tausend neunhundert *eins* ———— *nach*mittags

um *acht* ———— Uhr ein *Mädchen* ————

geboren worden sei und daß das Kind ——— *die* Vornamen *Anna Hermine* ———

erhalten habe. *Die Witwe Hartwig erklärte, daß sie von der Niederkunft aus eigener Wissenschaft unterrichtet sei***). Zu der vorstehenden Eintragung ist die Genehmigung der Aufsichtsbehörde erteilt.* ———

~~Vorgelesen, genehmigt und~~ ……………

…………………………………

~~Der Standesbeamte.~~

~~Gleichzeitig~~ war erschienen, der Persönlichkeit nach auf Grund seines Militärpasses anerkannt, der Weber Karl Friedrich Reinecke, wohnhaft in Gohlis, und erklärte, daß er seine Vaterschaft anerkenne. (Vorstehend 7 Zeilen am Rande geschrieben, nebenstehend 6 Druckworte gestrichen.)

Vorgelesen, genehmigt und unterschrieben.

Henriette Hartwig.
Karl Friedrich Reinecke.

Der Standesbeamte.

N.

---

*) Es ist in allen Fällen Stand oder Gewerbe des Anzeigenden anzugeben; die Angabe der Religion ist hier nicht erforderlich, da die Anzeige von einer anderen Person als dem ehelichen Vater oder der Mutter erstattet wird.

**) Es ist stets Stand oder Gewerbe der Eltern des Kindes anzugeben, ebenso ihre sämtlichen Vornamen, soweit sie bekannt sind.

***) Wird die Anzeige nicht von einem nach § 18 des Gesetzes zur Anzeige Verpflichteten, sondern von einem nach § 19 des Gesetzes zur Anzeige Berechtigten erstattet, so ist zu bemerken, daß der Anzeigende aus eigener Wissenschaft unterrichtet ist.

A 4.

Nr. *203.*

..............................*Breslau* am *24. Mai* ———— *1901.*

Vor dem unterzeichneten Standesbeamten erschien heute, der Persönlichkeit nach

kannt,

Der Direktor der Königlichen Universitäts-Frauenklinik in Breslau hat angezeigt, ————

wohnhaft in

Religion, und zeigte an, daß von der *unverehelichten Amalie Schmidt, ohne Beruf,* ————

———— *evangelischer* Religion,

wohnhaft *in Halbendorf, Kreis Oppeln,* ————

zu *Breslau in der Königlichen Universitäts-Frauenklinik* am ———— *drei und zwanzigsten Mai* ———— des Jahres tausend neunhundert *eins* ———— *vor*mittags um *sieben* ———— Uhr ein *Knabe* ————

Der Dienstknecht Hermann Philipp Naumann, wohnhaft in Namslau, hat bei der im Heiratsregister des Standesamts Namslau von 1904 unter Nr. 74 beurkundeten Eheschließung mit der Amalie Schmidt das nebenbezeichnete Kind als das seinige anerkannt.

Breslau am 11. April 1904.

Der Standesbeamte.

N.

geboren worden sei und daß das Kind ——— *den* Vornomen
Eduard ————————————————
erhalten habe.————————————

....

....

Vorgelesen, genehmigt und *(Vorstehend 19 Druckworte gestrichen.)*

....

....

Der Standesbeamte.
N.

B 1. (Linke Seite).

Nr. *538.*

.................*Berlin* am ——————*drei und zwanzigs*ten

————*Dezember* tausend neunhundert *eins.* ——————

Vor dem unterzeichneten Standesbeamten erschienen heute zum Zwecke der Eheschließung:

1. der *Schmiedemeister Julius Hermann*) Schneider,* ———

——————————————————————

der Persönlichkeit nach *auf Grund der Aufgebotsverhandlungen* —————————————— *aner*kannt,
—*evangelischer* Religion, geboren am ———— *drei und zwanzigs*ten *September* ———— des Jahres tausend ———— *acht*hundert *ein und siebzig* ———— zu *Potsdam* ————
————————, wohnhaft in *Berlin, Auguststraße 37,*

——————————————————————

Sohn des *Bäckermeisters Karl Anton Julius*) Schneider und seiner Ehefrau Hermine Anna, geborenen Müller,* ———
—————————————————— wohnhaft

in *Potsdam* ——————————————;

2. die *Witwe Henriette Heidrich, geborene Neuberg, ohne Beruf,*

————————————————————

der Persönlichkeit nach *auf Grund der Aufgebotsverhandlungen* —————————— *aner*kannt,
——*evangelischer* Religion, geboren am ——— *ein und dreißigsten Mai* ——— des Jahres tausend ——— *acht*hundert *neun und siebzig* ——— zu *Treptow, Kreis Teltow* ———
——————, wohnhaft in *Berlin, Gipsstraße 5,*

————————————————————

Tochter des *Tischlermeisters Hermann Neuberg, wohnhaft in Frankfurt an der Oder, und seiner Ehefrau Marie Henriette, geborenen Schmidt,* —————————— wohnhaft in *Danzig**)*. ——————————

---

*) Es ist in allen Fällen Stand oder Gewerbe der Verlobten und ihrer Eltern anzugeben, ebenso sämtliche Vornamen, soweit sie bekannt sind.

**) Wohnt die Mutter nicht an demselben Orte wie der Vater, so ist der Wohnort der Mutter besonders anzugeben.

Als Zeugen waren zugezogen und erschienen: (Rechte Seite.)

3. der *Tischlergeselle*) Hermann Rautenberg,* ——————

der Persönlichkeit nach ——————

—————— *be*kannt,

22 Jahre alt, wohnhaft in *Berlin, Neue Friedrichstraße 8* ——————;

4. die *Schneiderin Antonie Liebau,* ——————

der Persönlichkeit nach *durch den Zeugen Rautenberg* ——————

—————— *aner*kannt,

63 Jahre alt, wohnhaft in *Bernau, Kreis Niederbarnim.*

Der Standesbeamte richtete an die Verlobten einzeln und nacheinander die Frage:

ob sie die Ehe miteinander eingehen wollen.

Die Verlobten bejahten diese Frage, und der Standesbeamte sprach hierauf aus,

daß sie kraft des Bürgerlichen Gesetzbuchs nunmehr rechtmäßig verbundene Eheleute seien.

Vorgelesen, genehmigt und *von der schreibensunkundigen Antonie Liebau mit ihrem Handzeichen versehen, von den anderen Erschienenen unterschrieben. Julius Hermann Schneider. Henriette Schneider, geborene Neuberg. Hermann Rautenberg. †††*

Der Standesbeamte.
In Vertretung.

N.

*) Es ist stets Stand oder Gewerbe der Zeugen anzugeben.

B 2. (Linke Seite.)

Nr. 74.

............*Namslau* am ——— *neun und zwanzigs*ten
——— *März* tausend neunhundert *vier.* ———

Vor dem unterzeichneten Standesbeamten erschienen heute zum Zwecke der Eheschließung:

1. der *Dienstknecht Hermann Philipp*) Naumann,* ———
———
der Persönlichkeit nach ———
——— *bekannt,*
—*evangelischer* Religion, geboren am ——— *elf*ten
Dezember ——— des Jahres tausend ——— *acht*hundert
sieben und siebzig ——— zu *Schreibendorf, Kreis Brieg* ———
———, wohnhaft in *Namslau,* ———
———
Sohn des *Schlächters Philipp August*) Naumann und seiner Ehefrau Karoline, geborenen Raue,* ———
——— wohnhaft

Durch das am 28. Dezember 1909 rechtskräftig gewordene Urteil des Königlichen Landgerichts I in Berlin ist die Ehe zwischen dem Hermann Philipp Naumann und der Amalie Naumann, geborenen Schmidt, geschieden worden.

Namslau am 5. Januar 1910.

Der Standesbeamte.
N.

Die Übereinstimmung mit dem Hauptregister beglaubigt.

Namslau am 5. Januar 1910

der Standesbeamte
N.

Siegel.

*Beglaubigt**).*

Namslau am 11. Januar 1910.

Der Gerichtsschreiber des Königlichen Amtsgerichts.
N.

in *Schreibendorf, Kreis Brieg* ——————————;
2. die *Dienstmagd Amalie Schmidt,* ——————————

——————————————————————

der Persönlichkeit nach *auf Grund ihres Gesindedienstbuchs*
——————————————————————*aner*kannt,
—*evangelischer* Religion, geboren am——————*fünf*ten
Mai —————— des Jahres tausend ————— *acht*hundert
neun und siebzig ————— zu *Brieg* ——————————
——————, wohnhaft in *Halbendorf, Kreis Oppeln,*

——————————————————————

Tochter des *Seilers Ludwig Heinrich Schmidt, wohnhaft in Brieg, und seiner verstorbenen Ehefrau Berta,* geborenen *Dreher,* —————————————— *zuletzt* wohnhaft in *Brieg.*——————————————

*) Es ist in allen Fällen Stand oder Gewerbe der Verlobten und ihrer Eltern anzugeben, ebenso sämtliche Vornamen, soweit sie bekannt sind.

**) Die Form des Beglaubigungsvermerks richtet sich nach den allgemeinen Vorschriften, die für die Beglaubigung von Abschriften durch die Gerichtsschreiber gelten.

(Rechte Seite.)

Als Zeugen waren zugezogen und erschienen:

3. der *Kaufmann*) Wilhelm Grimm,* ——————————

———————————————————

der Persönlichkeit nach ——————————

—————————————— *be*kannt,

45 Jahre alt, wohnhaft in *Namslau* ——————————

——————————————————— ;

4. der *Kutscher Richard Schubert,* ——————————

———————————————————

der Persönlichkeit nach *auf Grund seines Militärpasses* ———

—————————————— *aner*kannt,

37 Jahre alt, wohnhaft in *Halbendorf, Kreis Oppeln.* ———

———————————————————

Der Standesbeamte richtete an die Verlobten einzeln und nacheinander die Frage:

ob sie die Ehe miteinander eingehen wollen.

Die Verlobten bejahten diese Frage, und der Standesbeamte sprach hierauf aus,

daß sie kraft des Bürgerlichen Gesetzbuchs nunmehr rechtmäßig verbundene Eheleute seien.

*Der Dienstknecht Naumann erklärte, daß er das von seiner Ehefrau am 23. Mai 1901 zu Breslau geborene Kind Eduard als das seinige anerkenne**).*

Vorgelesen, genehmigt und *unterschrieben.*
Hermann Philipp Naumann. Amalie Naumann, geborene Schmidt. Wilhelm Grimm. Richard Schubert.

Der Standesbeamte.
N.

Die Übereinstimmung mit dem Hauptregister beglaubigt
Namslau am *29. März* 1904
der Standesbeamte
N.

*) Es ist stets Stand oder Gewerbe der Zeugen anzugeben.
**) Die Nummer der Eintragung im Geburtsregister ist, wenn bekannt, anzugeben.

C 1.

Nr. *49.*

.......................*Obornik* am *17. November* ——— 1901.

Vor dem unterzeichneten Standesbeamten erschien heute, der Persönlichkeit nach ————————————————————— bekannt,

der Stellenbesitzer Joseph Karl Paul) Oginski,* ———

—————————————————

wohnhaft in *Obornik. Da der Erschienene der deutschen Sprache* ⌐ ~~und zeigte an~~, ⌐ daß *der Schüler Ignaz Joseph Oginski,*

....

....

~~alt,~~ ——— *katholischer* Religion,

wohnhaft in *Obornik bei dem Anzeigenden,* ———

geboren zu *Rawitsch am 7. September 1894,**)* ———

....

—————————————————

Sohn ——— des *Anzeigenden und seiner Ehefrau Maria Olga, geborenen Nowak,* ———

⌐ *nicht mächtig ist und sich nur in polnischer Sprache erklären kann, wurde der von Person bekannte Lehrer Karl Hildebrand, wohnhaft in Obornik, als Dolmetscher zugezogen. Dieser versicherte an Eidesstatt, daß er treu und gewissenhaft übertragen werde. Oginski zeigte darauf durch den Dolmetscher an,* ⌐

zu *Obornik in der Wohnung des Anzeigenden***)* ————
am ———— *siebzehn*ten *November* ————
des Jahres tausend neunhundert *eins* ————
———— *nach*mittags um *ein ein halb* ———— Uhr
verstorben sei. *(Vorstehend 4 Druckworte gestrichen, 11 Zeilen am Rande geschrieben.) Dem Anzeigenden in polnischer Sprache durch den Dolmetscher* ————

Vorgelesen, genehmigt und *unterschrieben.*
Joseph Karl Paul Oginski. Karl Hildebrand.

Der Standesbeamte.
N.

*) Es sind stets sämtliche Vornamen des Verstorbenen und seiner Eltern anzugeben, sowe die Namen bekannt sind.

**) Des Vermerkes, daß der Verstorbene ledig gewesen sei, bedarf es nicht, wenn es nach seinem Alter ausgeschlossen ist, daß er verheiratet war.

***) Auch bei kleinen Orten ist die genaue Bezeichnung der Örtlichkeit des Todesfalls in die Sterbeurkunde aufzunehmen (Beschl. d. Obersten Landesgerichts München vom 31. Juli 1907 — Jahrb. 25, 347; RJ. 6, 31 —).

C 2.

Nr. 453.

........................*Kostenblut* am *30. Dezember*——————19*03*.

Vor dem unterzeichneten Standesbeamten erschien heute, der Persönlichkeit nach ——————————————

—————————————————— *bekannt*,

der Bauerngutsbesitzer Ferdinand Reschke,——————

——————————————————————

wohnhaft in *Kostenblut*, ——————————————

und zeigte an, daß *der Ackerknecht Emil Heinrich*) Hetzel*,

——————————————————————

——————————————————————

—————— *40 Jahre* alt, —————— *evangelischer* Religion,

wohnhaft zu *Kostenblut*, ——————————————

geboren zu *Gräfenberg, Bezirksamt Forchheim, Witwer*,——————

——————————————————————

——————————————————————

Sohn——— des *Tagelöhners Heinrich Hetzel und seiner Ehefrau Emilie (Familienname unbekannt) in Gräfenberg*,

Bezirksamt Forchheim, ——

zu *Kostenblut in dem Gesindehause des Anzeigenden***) ——

am —— *neunundzwanzigsten Dezember* ——

des Jahres tausend neunhundert *vier* ——

—— *vor*mittags um *vier* —— Uhr

verstorben sei. ——

——

Vorgelesen, genehmigt und *unterschrieben.* ——

Ferdinand Reschke.

Der Standesbeamte.

N.

Kostenblut am 5. Januar 1904.

Das nebenstehende Wort „tausend neunhundert vier" ist Schreibfehler; es muß heißen:

tausend neunhundert drei.

Mit Genehmigung der Aufsichtsbehörde vermerkt.

Der Standesbeamte.

N.

---

*) Es sind stets sämtliche Vornamen des Verstorbenen und seiner Eltern anzugeben, soweit die Namen bekannt sind.

) Wird die Anzeige nicht von dem Familienhaupte, sondern von demjenigen erstattet, in dessen Wohnung oder Behausung sich der Sterbefall ereignet hat, so ist dies in der Eintragung ersichtlich zu machen. — Vgl. Anmerkung * zu Muster C 1.

C 3.

Nr. 3.

.... *Berlin* am *10. September* ——— 19*01*.

Vor dem unterzeichneten Standesbeamten erschien heute, der Persönlichkeit nach ——————————

—————————— bekannt,

die Hebamme, Witwe Ida Friedemann, ——————

wohnhaft in *Berlin, Potsdamerstraße 3,* ——————

und zeigte an, daß *in ihrer Gegenwart von der Luise*) Krüger, geborenen Mattern, evangelischer Religion, in der Wohnung des Ehemanns, des Hutmachers Robert Krüger, evangelischer Religion,* ⊏ —— alt —— Religion,

wohnhaft in ....

geboren zu ....

....

....

.... de ....

....

....

⊏ *zu Berlin, Hauptstraße 3, am zehnten September tausend neunhundert eins nachmittags um drei Uhr ein totes Mädchen geboren worden sei**).*

(Nebenstehend 20 Zeilen gestrichen, vorstehend 5 Zeilen am Rande geschrieben.)

Vorgelesen, genehmigt und unterschrieben.

Ida Friedemann.

Der Standesbeamte.

N.

zu ....

am .... ten ....

des Jahres tausend neunhundert ....

.... mittags um .... Uhr

verstorben sei. ....

....

Vorgelesen, genehmigt und ....

....

....

Der Standesbeamte.

....

....

---

*) Es sind Stand oder Gewerbe und Religion der Eltern des Kindes anzugeben, ebenso ihre sämtlichen Vornamen, soweit sie bekannt sind.

**) Ist das Kind in der Geburt verstorben, so hat die Eintragung zu lauten:
ein Mädchen geboren worden und daß das Kind in der Geburt verstorben sei.

C 4.

Nr. *1236.*

.... *Berlin* am *19. August* ———— 1901.

~~Vor dem unterzeichneten Standesbeamten erschien heute, der Persönlichkeit nach~~

~~kannt,~~

Der Erste Staatsanwalt bei dem Königlichen Landgericht I in Berlin hat mitgeteilt ————

~~wohnhaft in~~

~~und zeigte an,~~ daß *der Maurergeselle Gottfried Lehmann* ————

———— *27 Jahre* alt, ———— *evangelischer* Religion

wohnhaft in *Berlin,* ————

geboren zu *Stettin, ledig,* ————

Sohn ———— der *verstorbenen, zuletzt in Blindow, Kreis Prenzlau, wohnhaft gewesenen Eheleute Otto Lehmann (Stand*

Auf Anordnung des Königlichen Amtsgerichts I in Berlin wird berichtigend vermerkt, dass der Vorname des Lehmann nicht Gottfried, sondern Gottlieb gewesen und dass er nicht zu Stettin, sondern zu Angermünde geboren ist.

Berlin am 14. November 1901.

Der Standesbeamte.

N.

oder Gewerbe unbekannt) und Rosalie, geborenen Richter,
zu *Berlin im Tiergarten*)* ——————
am —————— *vierzehn* ten *August* ——————
des Jahres tausend neunhundert *eins* ——————
—————— *vor*mittags um *sieben* —————— Uhr
~~verstorben sei,~~ *tot aufgefunden worden sei. Tag und Stunde des Todes sind nicht festgestellt worden.* ——————

~~Vorgelesen, genehmigt und~~

(Vorstehend 20 Druckworte gestrichen.) ——————

....

Der Standesbeamte.
N.

....

*) Vgl. Anm. *** zu Muster C 1.

A a.

Geburtsurkunde.

Nr. ....

.... am .... 19 ....

Vor dem unterzeichneten Standesbeamten erschien heute, der Persönlichkeit nach ....

.... kannt,

wohnhaft in ....

Religion, und zeigte an, daß von der

.... Religion,

wohnhaft ....

zu ....

am .... ten .... des Jahres
tausend neunhundert .... mittags
um .... Uhr ein ....
geboren worden sei und daß das Kind .... Vornamen
....
erhalten habe. ....

....

Vorgelesen, genehmigt und ....
....

Der Standesbeamte.

....

Daß vorstehender Auszug mit dem Geburts-Hauptregister des Standesamtes zu ....
.... gleichlautend ist, wird hiermit bestätigt.
.... am .... 19....

Der Standesbeamte.

....
(Siegel.)

B b.

Heiratsurkunde.

Nr. .... (Vorderseite.)

.... am .... ten
.... tausend neunhundert

Vor dem unterzeichneten Standesbeamten erschienen heute zum Zwecke der Eheschließung:

1. der ....

der Persönlichkeit nach
....kannt,
.... Religion, geboren am ....ten
.... des Jahres tausend .... hundert
.... zu ....
...., wohnhaft in ....

Sohn de ....

....

.... wohnhaft

in ....,

2. die ....

der Persönlichkeit nach

.... kannt,

.... Religion, geboren am .... ten

.... des Jahres tausend .... hundert

.... zu ....

...., wohnhaft in ....

....

Tochter de ....

.... wohnhaft

in ....

(Rückseite.)

Als Zeugen waren zugezogen und erschienen:

3. d..............................

....

der Persönlichkeit nach ....

.... kannt,

...... Jahre alt, wohnhaft in

.... ;

4. d..............................

....

der Persönlichkeit nach ....

.... kannt,

Jahre alt, wohnhaft in

Der Standesbeamte richtete an die Verlobten einzeln und nacheinander die Frage:

ob sie die Ehe miteinander eingehen wollen.

Die Verlobten bejahten diese Frage und der Standesbeamte sprach hierauf aus:

daß sie kraft des Bürgerlichen Gesetzbuchs nunmehr rechtmäßig verbundene Eheleute seien.

Vorgelesen, genehmigt und ....

....

Der Standesbeamte.

Daß vorstehender Auszug mit dem Heirats-Hauptregister des Standesamts zu ....
.... gleichlautend ist, wird hiermit bestätigt.

.... am .... 19.....

Der Standesbeamte.

....

(Siegel.)

C c.

Sterbeurkunde.

Nr. ....

.... am .... 19..... .

Vor dem unterzeichneten Standesbeamten erschien heute, der Persönlichkeit nach .... kannt,

....

wohnhaft in ....
und zeigte an, daß ....

....

.... alt, ... Religion,
wohnhaft in ....
geboren zu ....

....

.... de ....

zu ....
am ....ten ....
des Jahres tausend neunhundert ....
.... mittags um .... Uhr
verstorben sei.

Vorgelesen, genehmigt und ....

Der Standesbeamte.

....

Daß vorstehender Auszug mit dem Sterbe-Hauptregister des Standesamts zu ....
.... gleichlautend ist, wird hiermit bestätigt.
.... am .... 19.....

Der Standesbeamte.

....
(Siegel.)

D 1.

Gültig nur zum Zwecke der Trauung. (§ 82 des Gesetzes vom 6. Februar 1875*).)

Bescheinigung der Eheschließung.

Zwischen dem *Schlossermeister Otto Heinrich Richter*, ______

wohnhaft in *Berlin*, ______

und der *Anna Catharina Reinhardt*, ______

wohnhaft in *Steglitz, Kreis Teltow*, ______

______

ist vor dem unterzeichneten Standesbeamten heute die Ehe geschlossen worden.

Berlin, am *6. Februar* ———————— *1901*.

Der Standesbeamte.

N.

(Siegel.)

*) Wegen des Abdrucks des Wortlauts dieses Paragraphen vgl. Verf. v. 21. Januar 1902 — s. zu § 82 des Ges. —.

E 1.

Aufgebot.

Es wird zur allgemeinen Kenntnis gebracht, daß

1. der *Tischlergeselle Hermann Ludwig Starke,* ————

   ————————————

   wohnhaft in *Berlin, Prinzenstrasse 32, früher in Templin*)* ——— Sohn des *Maurermeisters Anton Philipp Starke und seiner Ehefrau Emilie Luise, geborenen Pelkmann, wohnhaft**) in Templin* ————;

2. die *Näherin Auguste Antonie Dorothea Neubauer,* ————

   ————————————

   wohnhaft in *Königs-Wusterhausen, Kreis Teltow,* ———— Tochter des *Schlossermeisters Theodor Wilhelm Neubauer, wohnhaft in Königs-Wusterhausen, und seiner verstorbenen Ehefrau Dorothea, geborenen Hegmann, zuletzt wohnhaft in Königs-Wusterhausen,* ————

die Ehe miteinander eingehen wollen.

Die Bekanntmachung des Aufgebots hat in de*n Gemeinden Berlin, Templin und Königs-Wusterhausen, Kreis Teltow,* ———————— zu geschehen.

Berlin am *26. Februar* ——— *1901.*

Der Standesbeamte.

(Siegel). *N.*

Ausgehängt am ——— *Rathaus* in *Templin* ———

am *1. März* ——— 19*01.*

Abgenommen am *16. März* ——— 19*01* ***).

Templin am *16. März* ——— 19*01.*

Der Bürgermeister ****).

(Siegel.) *N.*

---

*) Vgl. § 46 Nr. 3 des Gesetzes.

**) Es ist stets der Wohnort der Eltern der Verlobten anzugeben.

***) Zwischen den Tagen des Aushanges und der Abnahme müssen vierzehn volle Kalendertage liegen.

****) Die Bescheinigung ist von dem Beamten (Bürgermeister, Gemeindevorsteher, Standesbeamten usw.) zu unterzeichnen, welcher die Bekanntmachung des Aufgebots bewirkt hat.

In Preußen können nach der Verf. d. Min. d. Inn. v. 26. Juni 1901 (BMBl. S. 192) mit Genehmigung der Kommunal-Aufsichtsbehörde in größeren Städten sowie in Landgemeinden die Bescheinigungen über den erfolgten Aushang statt von der Gemeindebehörde im Auftrage der letzteren auch von bestimmten anderen Gemeindebeamten als denjenigen, welche zur Zeichnung im Namen der Gemeindebehörde nach der bestehenden Kommunalgesetzgebung befugt sind, unterzeichnet werden. Die Zeichnung hat in solchem Falle in folgender Form zu geschehen:

Der Magistrat (Gemeindevorstand)

Im Auftrage: *N. N.*

(Amtscharakter.)

F.

Bescheinigung des Aufgebots
und
standesamtliche Ermächtigung.

Der unterzeichnete Standesbeamte des .... Standesamts in ....
bescheinigt hiermit, daß zum Zwecke der Eheschließung zwischen

1. dem ....

..............................., geboren am .... 1.......

zu
wohnhaft in ....
Sohn de..

....;

2. der

.................................., geboren am 1.......

zu ....

wohnhaft in ....

Tochter de..

....

das Aufgebot vorschriftsmäßig durch Aushang am ....haus

in .... vom .... bis .... 19.....

....

erfolgt ist und daß Ehehindernisse nicht zu seiner Kenntnis gekommen sind. Zugleich erteilt der unterzeichnete Standesbeamte die Ermächtigung, daß die Ehe vor dem Standesbeamten in .... geschlossen werde.

am .... 19.....

Der Standesbeamte.

(Siegel.)

F 1.

Bescheinigung des Aufgebots

~~und~~

~~standesamtliche Ermächtigung*).~~

Der unterzeichnete Standesbeamte des *Grossherzoglich badischen* Standesamts in *Freiburg* bescheinigt hiermit, daß zum Zwecke der Eheschließung zwischen

1. dem *Gastwirt Friedrich Ilgner*, geboren am *25. März* 18*72* zu *Freiburg*, wohnhaft in *Freiburg*, Sohn des *Gastwirts Josef Friedrich Otto Ilgner und seiner Ehefrau Catharina, geborenen Deutsch, wohnhaft in Freiburg*;

2. der *Lehrerin Susanna Barbara Spiegelhalter*, geboren am *3. April* 18*79*

zu *Emmendingen,* ————————

wohnhaft in *Emmendingen,* ————————

Tochter des *verstorbenen Weinbauers Berthold Spiegelhalter, zuletzt wohnhaft in Emmendingen, und seiner Ehefrau Barbara, geborenen Sonntag, wohnhaft in Emmendingen,* ———

das Aufgebot vorschriftsmäßig durch Aushang am ——— *Rathaus* in *Freiburg* ——— vom *23. April* — bis *8. Mai* — 1901 *und am Rathaus in Emmendingen vom 25. April bis 10. Mai 1901*

....

....

erfolgt ist und daß Ehehindernisse nicht zu seiner Kenntnis gekommen sind. ~~Zugleich erteilt der unterzeichnete Standesbeamte die Ermächtigung, daß die Ehe vor dem Standesbeamten in .... geschlossen werde.~~

.... *Freiburg* am *12. Mai* ——— 1901.

Der Standesbeamte.

(Siegel.) *N.*

---

*) Ist nur die Bescheinigung des Aufgebots zu erteilen, so sind die Worte „und standesamtliche Ermächtigung" sowie der Schlußsatz zu durchstreichen.

Sachregister.

(Die Zahlen bezeichnen die Seite, die in Klammern beigefügten Zahlen verweisen auf die Paragraphen des Gesetzes oder des BGB.)

A.

B.

T.

W.

Z.

Druck von C. Schulze & Co., G. m. b. H., Gräfenhainichen.

12000. — VI. 22. 7.

ohne * 50 %. Bände von 1922 ohne Zuschlag.

Guttentagsche Sammlung Deutscher Reichsgesetze.

Nr. 9. **Sammlung kleinerer strafrechtlicher Reichsgesetze.** Von Prof. Dr. **R. H. Kriegsmann.** 3. Aufl. — 1910. 20,— M

Nr. 10. **Das Reichsbeamtengesetz** vom 31. März 1873. Von **J. Pieper.** 2. Aufl. — 1901. * 6,50 M

Reichsbeamtengesetz von 1907 siehe Nr. 32.

Nr. 11. **Zivilprozeßordnung mit Gerichtsverfassungsgesetz.** Von **R. Sydow.** Fortgeführt von Reichsgerichtsrat **L. Busch** und Landgerichtsrat Dr. **Krantz.** 17. Aufl. Gr. 8°. — 1922. Im Druck.

Nr. 12. **Strafprozeßordnung und Gerichtsverfassungsgesetz** nebst den Gesetzen, betr. die Entschädigung der im Wiederaufnahmeverfahren freigesprochenen Personen und die Entschädigung für unschuldig erlittene Untersuchungshaft. 19. Aufl., bearbeitet von Prof. Dr. **Kohlrausch.** — 1922. 65,— M

Nr. 13. **Konkursordnung und Anfechtungsgesetz.** Von **R. Sydow.** Fortgeführt von **L. Busch.** 12. Aufl. — 1916. 25,— M

Nr. 14. **Gerichtsverfassungsgesetz** mit Einführungsgesetz. Herausgegeben von **R. Sydow.** Fortgeführt von **L. Busch.** 10. Aufl. — 1905. In Bearbeitung.

Nr. 15. **Das Deutsche Gerichtskostengesetz** nebst den Gebührenordnungen für Gerichtsvollzieher, Zeugen und Sachverständige. Von **R. Sydow.** Fortgeführt von Reichsgerichtsrat **L. Busch** und Amtsrichter **Koehler.** 10. Aufl. — 1920. Mit Nachtrag, enthaltend die Änderungen von 1921. 24,— M

Nr. 16. **Rechtsanwaltsordnung.** Von **R. Sydow.** 5. Aufl. von Justizrat **M. Jacobsohn.** Mit Nachtrag, enth. die Bestimmungen vom 22. Mai 1910. — 1907. 7,50 M

Nr. 17. **Die Deutsche Gebührenordnung für Rechtsanwälte und das Preußische Gebührengesetz** vom 27. IX. / 6. X. 1899. Von **R. Sydow.** Fortgeführt von **L. Busch.** 12. Aufl. — 1922. Im Druck.

Guttentagsche Sammlung Deutscher Reichsgesetze.

Nr. 18. Reichsstempelgesetz vom 3. Juli 1913. (Börsen-, Lotterie-, Frachturkunden-, Fahrkarten-, Kraftfahrzeug-, Tantieme-, Scheck- und Grundstücksübertragungssteuer.) Mit den gesamten Ausführungsbestimmungen. Von Geh. Reg.Rat **P. Loeck.** 8°. **12. Aufl. — 1914.** Vergriffen.

Neue Auflage unter Berücksichtigung der inzwischen ergangenen Abänderungsbestimmungen befindet sich in Vorbereitung.

Siehe auch Nr. **131 b.**

Nr. 19. Die **Seegesetzgebung.** Von Dr. **W. E. Knitschky. 5. Aufl.** bearbeitet von Ober-L.G.Rat **O. Rudorff. — 1913.** 44,— *M*

Nr. 20. Krankenversicherungsgesetz (1883). Von weil. Dr. **E. von Woedtke. —** Neue Fassung **(1911)** siehe **Nr. 107.**

Nr. 21. Die **Konsulargesetzgebung.** Von Prof. Dr. **Ph. Zorn. 3. Aufl.** von Dr. **A. Zorn. — 1911.** 25,— *M*

Nr. 22. Patentgesetz. Nebst Ausführungsbestimmungen, völkerrechtlichen Verträgen und der Patentanwalts-Ordnung. **Von R. Lutter,** Geh. Reg.Rat im Reichs-Patentamt. **8. Aufl. — 1920.** 45,— *M*

(Kriegsvorschriften auf dem Gebiete des gewerblichen Rechtsschutzes. Von **R. Lutter. — 1917.** 8°. 12,50 *M*.)

Nr. 23. Gewerbe-Unfallversicherungsgesetz. (1884.) Von weil. Dr. **E. v. Woedtke. —** Neue Fassung **(1911)** siehe **Nr. 108.**

Nr. 24. Aktiengesellschaft und Kommanditgesellschaften auf Aktien. Von Dr. **H. Keyßner** und Dr. **H. Veit Simon. 7. Aufl.** von Amtsrichter **L. Keyßner. — 1922.** In Bearbeitung.

Nr. 25. Brausteuergesetz vom 15. Juli 1909. Von Oberzollrevisor **A. Düffe. 2. Aufl. — 1910.** * 4,40 *M*

Nr. 26. Die Reichsgesetzgebung über **Münz- und Notenbankwesen,** Papiergeld, Prämienpapiere und Reichsschulden. **Von Dr. R. Koch. — 6. Aufl. 1910.** Vergriffen.

Neue Auflage in Bearbeitung.

Nr. 27. Gesundheitswesen im Deutschen Reich. Von Dr. jur. **E. Goesch** und Dr. med. **J. Karsten. — 1888.** * 2,60 *M*

ohne * 50 %. Bände von 1922 ohne Zuschlag.

Guttentagsche Sammlung Deutscher Reichsgesetze.

Nr. 28. **Bau-Unfallversicherungsgesetz.** Vom 30. Juni 1900. Von **R. Chrzescinski.** Neue Fassung **(1911)** siehe Nr. **108.**

Nr. 29. **Erwerbs- und Wirtschaftsgenossenschaften.** Von **L. Parisius** und Dr. **H. Crüger. 16., neubearbeitete Aufl.** von Dr. **H. Crüger. — 1920.** 40,— *M*

Nr. 30. **Invalidenversicherungsgesetz** (1899). Von weil. Dr. **E. v. Woedtke.** Neue Fassung **(1911)** siehe Nr. **109.**

Nr. 31. **Gewerbegerichtsgesetz.** Von Stadtrat **L. Mugdan. 7. Aufl.** bearbeitet von Oberbürgermeister **W. Cuno. — 1911.** * 3,65 *M*

Nr. 32. Reichsgesetz, betr. die **Gesellschaften mit beschränkter Haftung.** Von **L. Parisius** und Dr. **H. Crüger. 15. Aufl.** von Dr. **H. Crüger. — 1921.** 12,— *M*

Nr. 33. **Vereins- und Versammlungsrecht.** Von Dr. **E. Ball. 2. Aufl.** von Dr. **F. Friedenthal. — 1907.** * 3,65 *M*

Reichs-Vereinsgesetz vom 19. April 1908 siehe Nr. **88.**

Nr. 34. **Die Abzahlungsgeschäfte.** Gesetz vom 16. Mai 1894. **3. Aufl.** von Land-G.Rat Dr. **E. Wilke. — 1910.** * 2,10 *M*

Nr. 35. **Die Reichs-Eisenbahngesetzgebung.** Von Amtsrichter **W. Coermann. — 1895.** * 3,40 *M*
Siehe auch Nr. **66.**

Nr. 36. Gesetze, betr. die **privatrechtlichen Verhältnisse der Binnenschiffahrt und der Flößerei.** Von Geh. Justizrat **E. Löwe. 5. Aufl. — 1915.** * 5,20 *M*

Nr. 37. **Gesetz gegen den unlauteren Wettbewerb.** Von Justizrat **A. Pinner. 7. Aufl.** von Dr. **A. Elster. — 1921.** 12,— *M*

Nr. 38/39. **Bürgerliches Gesetzbuch nebst Einführungsgesetz** von Dr. **A. Achilles.** In Verbindung mit Prof. Dr. **André,** Senatspräsident **Meyer,** Reichs-G.Rat Dr. **Strecker,** Staatsrat Dr. **v. Unzner** herausgegeben von Wirkl. Geh. Ob.J.Rat und Ober-L.G.-Präsident **Greiff. 10., unveränderte Aufl.** 190,— *M*

Einzelverkauf. Nachtrag zur 8. Auflage: **Bestimmungen über das Erbbaurecht** v. 15. Januar 1919. **— 1919.** * —,80 *M*

Guttentagsche Sammlung Deutscher Reichsgesetze.

Nr. **40.** Gesetz, betr. die **Pflichten der Kaufleute bei Aufbewahrung fremder Wertpapiere [Depotgesetz]**. Von Min.Dir. **F. Lusensky. 3. Aufl. — 1916.** 9,— M

Nr. **41. Börsengesetz.** Von **Th. Hemptenmacher. 3. Aufl.** von Syndikus **O. Meyer. — 1915.** 20,— M

Nr. **42. Grundbuchordnung** nebst preuß. Ausf.-Best. Von Prof. Dr. **O. Fischer. 7. Aufl. — 1920.** 16,— M

Nr. **43. Zwangsvollstreckung in das unbewegliche Vermögen** im Reiche und in Preußen. Kosten- und Gebührentabellen. Von Dr. **J. Krech** und Dr. **O. Fischer. 9. Aufl.** bearbeitet von Prof. Dr. **O. Fischer. — 1922.** Im Druck.

Nr. **44.** Das Reichsgesetz über das **Auswanderungswesen.** Von Prof. Dr. **F. Stoerk. — 1899.** * 3,25 M

Nr. **45.** Das **Entmündigungsrecht mit den für** Preußen geltenden Vorschriften nebst Just.-Min.-Verfügung vom 28. Nov. 1899. Von Land-G.Rat Dr. **P. Koll. — 1900.** * 2,35 M

Nr. **46.** Die Gesetze des Reiches und Preußens über die **freiwillige Gerichtsbarkeit.** Von Amts-G.Rat **H. Jastrow. 6. Aufl.** von Land-G.Rat Dr. **Herm. Günther. — 1921.** 36,— M

Nr. **47.** Das **deutsche Vormundschaftsrecht** und das preuß. Gesetz über die Fürsorgeerziehung Minderjähriger. Von Ober-Verw.G.Rat **M. Schultzenstein** und Amts-G.Rat Dr. **P. Köhne. 2. Aufl. — 1901.** * 4,40 M

Nr. **48.** Gesetze, betr. den **Drogen-, Gift- und Farbenhandel** außerhalb der Apotheken. Von Dr. **J. Broh. — 1899.** * 1,95 M

Nr. **49.** Deutsche **Kolonialgesetzgebung.** Von Geh. J.Rat Prof. Dr. **Ph. Zorn. 2. Aufl.** von Gerichtsassessor Dr. **Sassen. — 1913.** * 10,40 M

Nr. **50. Der Viehkauf [Viehgewährschaft] nach dem BGB.** Verordnung betr. die Hauptmängel und Gewährsfristen beim Viehhandel. Von Rechtsanwalt Dr. **H. Stölzle** und **Reg.- und Vet.Rat H. Weiskopf. 5. Aufl. — 1913.** 25,— M ohne * 50 %. Bände von 1922 ohne Zuschlag

Guttentagsche Sammlung Deutscher Reichsgesetze.

Nr. 51. **Hypothekenbankgesetz** vom 13. Juli 1899. Von Dr. **H. Göppert.** 2. Aufl. bearbeitet von Geh. Reg.Rat Dr. **Seidel.** — 1911. 10,50 ℳ

Nr. 52. Gesetz, betr. die gemeinsamen **Rechte der Besitzer von Schuldverschreibungen.** Von Dr. **H. Göppert.** 2. Aufl. bearbeitet von Amtsrichter Dr. **E. Trendelenburg.** — 1915. 9,— ℳ

Nr. 53. **Reichspreßgesetz** vom 7. Mai 1874. Mit Kommentar von Bürgermeister **A. Born.** 2. Aufl. — 1911. 10,— ℳ

Nr. 54. Verkehr mit **Nahrungsmitteln, Genußmitteln und Gebrauchsgegenständen.** Von Dr. **G. Lebbin,** Nahrungsmittelchemiker in Berlin. — 1900. * 3,25 ℳ

Nr. 55. Das Recht der **Beschlagnahme von Lohn- und Gehaltsforderungen.** Von Justizrat **G. Meyer.** 5. Aufl. — 1914. Durch Nachträge bis Ende 1921 ergänzt. 15,— ℳ
Nachträge allein. 4,— ℳ

Nr. 56. Gesetz, betr. die **Bekämpfung gemeingefährlicher Krankheiten.** Nebst Ausführungsbestimmungen. Von Reg.Rat Dr. **B. Burkhardt.** — 1900. * 2,10 ℳ

Nr. 57. **See-Unfallversicherungsgesetz (1887).** Von Ober-L.G.Rat Dr. **M. Mittelstein.** — Neue Fassung **1911** siehe Nr. **108.**

Nr. 58. **Das Recht der unehelichen Kinder nach dem BGB.** Von Amtsgerichtsrat **H. Jastrow.** — 1901. * 2,60 ℳ

Nr. 59. Reichsgesetz über die **Beurkundung des Personenstandes und die Eheschließung.** Von Amtsgerichtsrat Dr. **F. Fidler.** 2. Aufl. — 1912. 12,— ℳ

Nr. 60. Gesetz, betr. das **Urheberrecht an Werken der Literatur und der Tonkunst.** Von Geh. Ob.J.Rat **O. Lindemann.** 4. Aufl. — 1921. 21,— ℳ

Nr. 61. **Gesetz über das Verlagsrecht.** Von Rechtsanwalt Dr. **B. Marwitz.** 3. Aufl. — 1922. Im Druck.

Nr. 62. Gesetz über **private Versicherungsunternehmungen.** Von Reichs-G.Rat **H. Könige.** 3. Aufl. — 1922. Im Druck.

Guttentagsche Sammlung Deutscher Reichsgesetze.

Nr. 63. **Gesetzestafel des Deutschen Reichsrechts.** Systematisch geordnete Nachweisung des z. Z. geltenden Reichsrechts. Von **H. Bruhns. 2. Aufl. — 1913.** * 5,20 M

Nr. 64. Gesetzsammlung betr. den **Handel mit Drogen und Giften.** Mit Anhang: landesgesetzliche Verordnungen sämtlicher Bundesstaaten. Von Rechtsanwalt **H. Sonnenfeld,** Syndikus der Berliner Drogisten-Innung. **2. Aufl. — 1912.** * 5,85 M

Nr. 65. Das **Weingesetz** in der Fassung von 1909. Mit Ausführungsbestimmungen von Dr. **G. Lebbin,** Nahrungsmittelchemiker. **2. Aufl. — 1909.** * 3,65 M

Nr. 66. Die **Eisenbahn-Gesetzgebung.** Von **W. Pietsch,** Rechnungsrat im Reichseisenbahnamt. **2. Aufl. — 1913.** * 5,20 M

Nr. 67. **Militär-Strafgesetzbuch für das Deutsche Reich.** Von Wirkl. Geh. Kriegsrat Dr. **A. Romen** und Kriegsgerichtsrat Dr. **C. Rissom. 3. Aufl. — 1918.** 35,— M

Nr. 68. Das **Fleischbeschaugesetz.** Vom 3. Juni 1900. Von Dr. **G. Lebbin** und Dr. **G. Baum. — 1903.** * 5,85 M

Nr. 69. Reichsgesetz über die **Naturalleistungen der bewaffneten Macht im Frieden** nebst den preußischen Bestimmungen. Von Dr. **W. v. Hippel. — 1903.** * 2,10 M

Nr. 70. Das **Reichs-Haftpflichtgesetz** vom 7. Juni 1871. Von Reg.Rat Dr. **G. Eger. — 1903.** Vergriffen.
(Kommentar von **Seligsohn. — 1920.** * 20,— M.)

Nr. 71. Gesetz betr. **Kinderarbeit in gewerblichen Betrieben** vom 30. März 1903. **Von Ober-Verw.G.Rat H. Spangenberg. 2. Aufl. — 1904.** * 2,35 M

Nr. 72. **Unfallversicherungsgesetz für Land- und Forstwirtschaft.** (1886.) Von weil. Dr. **E. v. Woedtke.** Siehe Nr. **108.**

Nr. 73. **Entschädigung für unschuldig erlittene Verhaftung und Bestrafung.** Anhang: Nebengesetze über Schadensersatz. Von Wirkl. Geh. Kriegsrat Dr. **A. Romen. — 1904.** * 3,10 M

ohne * 50 %. Bände von 1922 ohne Zuschlag.

Guttentagsche Sammlung Deutscher Reichsgesetze.

Nr. **74.** Die **Kaufmannsgerichte** nebst Ausführungsbestimmungen. Von Prof. Dr. **M. Apt. 3. Aufl. — 1904.** * 3,10 *M*

Siehe auch Nr. **112.**

Nr. **75.** Reichsgesetz über die **Konsulargerichtsbarkeit. Von** Rechtsanwalt Dr. **A. F. Vorwerk,** Schanghai. **2. Ausgabe, mit** den Schutzgebietsgesetzen. — **1908.** * 3,10 *M*

Nr. **76. Die Rechtshilfe im Verkehr mit den ordentlichen Gerichten** nach deutschem Reichsrecht. Von Landrichter Dr. **A. Friedländer. — 1906.** * 2,60 *M*

Nr. **77. Das Erbschaftssteuergesetz.** Vom 10. September 1919. **Von** Oberzollsekretär **B. Hendel. — 1920.** 56,— *M*

Nr. **78. Zigarettensteuergesetz.** Vom 3. Juni 1906. **Von** Regierungsassessor Dr. **Cuno.** In Vorbereitung.

Nr. **79. Die Militärpensionsgesetze** vom 31. Mai 1906 **nebst** Ausführungsbestimmungen. Zum Gebrauch für Heer, Marine und Schutztruppe von Wirkl. Geh. Kriegsrat Dr. **A. Romen.**

a) I. Teil: **Offizierpensionsgesetz. — 1907.** * 4,95 *M*

b) II. Teil: **Mannschaftsversorgungsgesetz** mit Nachtrag, enth. **Kapitalabfindungsgesetz** vom 3. Juli 1916. — **1908.** * 4,95 *M*

Militärversorgungsgesetze siehe auch Nr. **136.**

Nr. **80.** Reichsgesetzgebung über **gerichtliche Registerführung. Von** Geh. Ob.J.Rat **O. Lindemann. — 1906.** * 4,40 *M*

Nr. **81. Urheberrecht an Werken der bildenden Künste und der Photographie.** Von Rechtsanwalt Dr. **L. Fuld. — 1907.** Vergriffen. — Neue Auflage im Druck.

Nr. **82. Reichsbeamtengesetz** vom 18. Mai 1907 mit Ergänzungen von Geh.Rat Prof. Dr. **A. Arndt. 2. Aufl. — 1921.** 24,— *M*

Nr. **83.** Reichsgesetz über den **Versicherungsvertrag** nebst Einführungsgesetz. Von Dr. **P. Hager** und Dr. **E. Bruck. 4. verm. u. verb. Aufl. — 1920.** 60,— *M*

Nr. **84. Sammlung kleinerer privatrechtlicher Reichsgesetze. Von** Ober-L.G.Rat **G. Müller. — 1908.** 30,— *M*

Guttentagsche Sammlung Deutscher Reichsgesetze.

Nr. 85. **Scheckgesetz.** Von Prof. Dr. **M. Apt.** Vergriffen. Siehe Nr. **113.**

Nr. 86. **Die Auslieferungsverträge des Deutschen Reiches. Von** Landrichter Dr. **A. Cohn. — 1908.** * 5,85 *M*

Nr. 87. Gesetz zum **Schutz der Warenbezeichnungen.** Von Geh. Reg.-Rat, Mitgl. des Kaiserl. Patentamts Dr. **Freund** und Rechtsanwalt **Magnus. 5. Aufl. — 1909.** Vergriffen. Neue Auflage in Vorbereitung.

Nr. 88. **Vereinsgesetz** vom 19. April 1908. Von Wirkl. Geh. Kriegsrat Dr. **A. Romen.** Mit den **Bestimmungen** über **Jugendliche und Gewerkschaften. 4. Aufl. — 1916.** 15,— *M*

Nr. 89. **Vogelschutzgesetz** vom 30. Mai 1908 nebst den das Flugwild betr. Bestimmungen der Preuß. Jagdordnung. Von Dr. **L. v. Boxberger. — 1909.** 8,— *M*

Nr. 90. Die Haager Abkommen über das **Internationale Privatrecht.** Von Dr. **G. Bogeng. — 1908.** 9,— *M*

Nr. 91. **Eisenbahn-Verkehrsordnung** mit Ausführungsbestimmungen. Von Reg.-Rat Dr. **E. Blume. 2. Aufl.** von Geh. Reg.-Rat Dr. **Weirauch. — 1922.** 90,— *M*

Nr. 92. Gesetz, betr. den **Verkehr mit Kraftfahrzeugen.** Von Amts-G.-Rat **R. Kirchner. 3. Aufl.** Mit Nachtrag 1922. **— 1915.** 27,— *M*

Nr. 93. Gesetz über die **Sicherung der Bauforderungen.** Von Justizrat Dr. **E. Harnier. 3. Aufl. — 1912.** * 2,35 *M*

Nr. 94. **Die Beamtenhaftpflichtgesetze des Reiches und der Länder.** Von Geh. Justizrat Dr. **H. Delius. 3. Aufl. — 1921.** 32,— *M*

Nr. 95. Die Berner Übereinkunft über **Internationales Urheberrecht.** Von Geh. Rat Dr. **H. Dungs. — 1910.** 8,— *M*

Nr. 96. **Branntweinsteuergesetz** vom 15. Juli 1909 mit den für das Reich erlassenen Ausf.-Bestimmungen und Kriegsverordnungen. **2. Aufl.,** bearbeitet von Reg.-Assessor Dr. **K. Kniebe,** Hilfsarbeiter im Reichsamt des Innern. **— 1916.** * 5,20 *M*

Branntweinmonopolgesetz siehe Nr. **181 a.**

ohne * 50 %. Bände von 1922 ohne Zuschlag.

Guttentagsche Sammlung Deutscher Reichsgesetze.

Nr. **97.** **Schutzgebietsgesetz** nebst dem G. über die Konsulargerichtsbarkeit sowie den Ausf.-Bestimmungen. Von **J. Gerstmeyer,** Wirkl. Legationsrat. — **1910.** * 4,40 *M*

Nr. **98.** **Sechs Haager Abkommen** über **Internationales Privatrecht.** Von Geh.Rat Dr. **Dungs.** — **1910.** 9,— *M*

Nr. **99.** **Die Abkommen der Haager Friedenskonferenz.** Von Dr. **H. Wehberg.** — **1910.** Vergriffen.

Neue Auflage unter dem Titel: „**Wehberg, Völkerbundakte**". (Außerhalb der Sammlung.) 14,— *M*

Nr. **100.** Gesetz über den **Absatz von Kalisalzen.** Von Geh. Bergrat **B. Voelkel.** — **1910.** * 3,40 *M*

Nr. **101.** **Zuwachssteuergesetz** vom 14. Februar 1911. Von Geh. Reg.Rat Dr. **W. Cuno.** — **1911.** * 5,20 *M*

Nr. **102.** **Urheberrecht an Mustern und Modellen** und Ges. betr. Schutz von **Gebrauchsmustern.** Von Reg.Rat **J. Neuberg,** Mitgl. d Patentamts. — **1911.** 12,— *M*

Nr. **103.** **Reichs-Viehseuchengesetz** vom 26. Juni 1909 nebst Ausführungsvorschriften und dem preuß. Ausführungsgesetz. Von Landrat Dr. **W. v. Hippel.** **2. Aufl.** — **1912.** * 6,50 *M*

Nr. **104.** **Versicherungsgesetz für Angestellte.** Von **O. Bernstein** und Dr. **J. Kupferberg.** **2. Aufl.** — **1912.** Vergriffen. (Siehe auch Nr. **144.**)

Nr. **105.** **Das Geldwesen in den deutschen Schutzgebieten.** Von **W. Hintze,** Geh. Sekr. im Reichskolonialamt. — **1912.** * 2,90 *M*

Nr. **106—109.** **Reichs-Versicherungsordnung nebst Einführungsgesetz.** Herausgegeben von Direktor Dr. **F. Caspar** und Geh. Ob.Reg.Rat **A. Spielhagen.** **4 Bände.**

Nr. **106.** I., V. und VI. Buch. **Gemeinsame Vorschriften. — Beziehungen der Versicherungsträger zu einander und zu anderen Verpflichteten. — Verfahren.** Von Dr. **K. Lippmann,** Senatspräsident im Reichs-Vers.Amt, Dr. **L. Laß** und **H. Siefart.** — **1913.** Mit Nachtrag, enthaltend Ergänzungen zum I und VI Buch Von Dr **K. Lippmann.** — **1920.** 36,— *M*

Nachtrag einzeln 4,— *M*

Guttentagsche Sammlung Deutscher Reichsgesetze.

Nr. **107.** II. Buch **Krankenversicherung.** Von Geh. Reg.-Rat **H. Siefart** und Reg.Rat Dr. **F. Sitzler. — 1916.** Mit Nachtrag, enthaltend Ergänzungen zum II Buch. Bearbeitet von Dr. **K. Lippmann. — 1920.** 45,— *M*
Nachtrag einzeln. 12,— *M*

Nr. **108.** III. Buch. **Unfallversicherung.** Von **A. Radtke,** Senatspräsident im R.Vers.Amt. — **1913.** Mit Nachtrag, enthaltend Ergänzungen zum III Buch Bearbeitet von **A. Radtke. — 1921.** 56,— *M*
Nachtrag einzeln. 16,— *M*

Nr. **109.** IV. Buch. **Invaliden- und Hinterbliebenenversicherung.** Von Geh. Ob.Reg.Rat **B. Jaup** und **H. Follmann,** Senatspräsident im R.Vers.Amt. — **1912.** Mit Nachtrag, enthaltend die Ergänzungen 1914—1916. 28,— *M*

Nr. **110. Wehrbeitragsgesetz** mit Ausf.-Bestimmungen. Von Wirkl. Geh. Ob.Fin.Rat **A. Fernow. 2. Aufl. — 1913.** * 2,90 *M*

Nr. **111. Reichs- und Staatsangehörigkeitsgesetz.** Von Wirkl. Geh. Kriegsrat Dr. **A. Romen. — 1913.** * 3,25 *M*

Nr. **112. Kaufmannsgerichtsgesetz** mit Best. des Gewerbegerichtsgesetzes. Von Dr. **H. Depène,** Vors. des Kaufmannsgerichts zu Berlin. — **1914.** 13,— *M*

Nr. **113. Postscheckgesetz.** Von Oberpostinspektor **J. Weiland. — 1914.** Mit Nachtrag **1918.** * 2,35 *M*

Nr. **113 a. Postscheckordnung** mit Ausführungsbestimmungen. **Von J. Weiland. — 1914.** Mit Nachtrag **1918.** * 2,35 *M*

Nr. **114. Waffengebrauch und Festnahmerecht des Militärs.** Von Wirkl. Geh. Kriegsrat Dr. **A. Romen** und Kriegsgerichtsrat Dr. **E. Rissom. — 1914.** * 2,90 *M*

Nr. **115. Das vertragliche Wettbewerbsverbot [Konkurrenzklausel].** Nebst Kommentar zum G. v. 10. Juni 1914. Von Rechtsanwalt Dr. **G. Baum. — 1914.** 13,— *M*

Nr. **116. Kriegs-Zivil- und Finanzgesetze** vom 4. Aug. 1914 und die dazu erlassenen Verordnungen und Bekanntmachungen. **3. Aufl. — 1915.** * 3,40 *M*

Nr. **116 a.** Zweite Folge: Das Jahr 1915. — **1916.** Siehe auch Nr. **129.** * 2,90 *M*

ohne * 50 %. Bände von 1922 ohne Zuschlag.

Guttentagsche Sammlung Deutscher Reichsgesetze.

Nr. 117. **Darlehnskassengesetz.** Von Rechtsanwalt **Salomon** und Bankvorsteher **Bud.** — **1915.** * 2,90 *M*

Nr. 118. **Militärhinterbliebenengesetz.** Von Rechnungsrat **Reh.** Mit Nachtrag, enth. das **Kapitalabfindungsgesetz** vom 11. Juli 1916. — **1915.** — (Siehe auch Nr. **136.**) * 3,65 *M*

Nr. 119. **Kriegsleistungsgesetz.** Von Rechtsanwälten J.Rat **Heilberg** und **Schäffer.** — **1915.** Vergriffen.

Nr. 120. **Telegraphenwegegesetz.** Von Postreferendar **Wolf.** — **1916.** * 2,35 *M*

Nr. 121. **Direkte Kriegssteuer.** Gesetze z. Besteuerung der Kriegsgewinne. Von Ob.Verw.Gerichtsrat **A. Mrozek.** — **1916.** *5,85 *M*

Nr. 122. **Gesetz über den Belagerungszustand.** Von Kriegsgerichtsrat Dr. **H. Bürschel.** — **1916.** * 6,50 *M*

Nr. 123. **Warenumsatzstempel.** Von Geh. Ober-Justizrat **Lindemann.** — **1916.** * 3,25 *M*

Umsatzsteuergesetze — **1918 und 1919.** Siehe Nr. **132.** — (Ausgabe ohne Anmerkung S. 22.)

Nr. 124. **Todeserklärung Kriegsverschollener.** Von Prof. Dr. **J. Partsch.** — **1916.** * 3,90 *M*

Nr. 125. Das Gesetz über den **vaterländischen Hilfsdienst. 3. vermehrte Aufl.** — **1917.** * 1,50 *M*

Nr. 126. **Besitzsteuergesetz** mit Ausführungsbestimmungen. Von Ob.Verw.Gerichtsrat **A. Mrozek.** — **1917.** 16,— *M*

Nr. 127. Verordnung über die **Geschäftsaufsicht zur Abwendung des Konkurses** vom 14. Dez. 1916. Von Rechtsanwalt **G. Klien,** mit system. Einleitung von Geh. Hofrat Dr. **Ernst Jaeger,** ord. Prof. a. d. Universität Leipzig. — **1917.** 9,— *M*

Nr. 128. Gesetz, betr. die **Verhaftung und Aufenthaltsbeschränkung,** vom 4. Dez. 1916. Nebst Anhang, betr. Entschädigung unschuldig Verhafteter. Von Wirkl. Geh. Kriegsrat Dr. **A. Romen.** — **1917.** * 2,50 *M*

Nr. 129. Kriegsgesetze auf dem Gebiete des **Zivil- und Prozeßrechtes,** für die gerichtliche Praxis zusammengestellt von Amtsrichter Dr. **Johannes Fischer.** — **1918.** * 4,— *M*

Guttentagsche Sammlung Deutscher Reichsgesetze.

Nr. 130. **Ersatzlebensmittelverordnung** nebst Ausf.-Vorschr. des Reichs und der wichtigsten Bundesstaaten. Verordnungen über **Schleichhandel, Preistreiberei und Papierhandel.** Von **Heinz Emil Wendel,** Polizeirat in Berlin. — **1918.** * 2,— ℳ

Nr. 131 a. **Reichsfinanzgesetzgebung 1918.** Bd. I. **Getränkesteuern** (Bier, Branntwein, Wein, Schaumwein, Limonaden). Von Dr. **G. Mayer.** — **1918.** * 6,50 ℳ

Nr. 131 b. **Reichsfinanzgesetzgebung 1918.** Bd. II. **Abgabe vom Einkommen, Stempel, Umsatz, Kriegsgewinn usw., Steuerflucht.** Von Dr. **G. Mayer.** — **1919.** * 4,— ℳ

Nr. 132. **Umsatzsteuergesetz** und **Ausführungsbestimmungen.** Von Geh. Ober-Justizrat **Otto Lindemann,** vortr. Rat im Justizministerium. **2. Aufl.** Mit Nachtrag, enthaltend die Ergänzungen von 1921. — **1920.** 48,— ℳ

Nr. 133. **Reichswuchergesetzgebung.** Von Reichsgerichtsrat **Dr. Ad. Lobe.** — **1918.** * 6,50 ℳ

Nr. 134. **Die Friedensverträge.** Von Dr. **Karl Strupp.** I. **Die Ostfrieden.** — **1918.** * 12,— ℳ

Nr. 135. Verordnung über das **Erbbaurecht.** Von Land-G.Rat **Dr. Hermann Günther.** - **1919.** * 5,— ℳ

Nr. 136. **Militärversorgungsgesetze.** Von Landrichter Dr. **Hermann Günther.** — **1919.** * 6,50 ℳ

Nr. 137. **Die neue Verfassung des Deutschen Reiches.** Von **Prof.** Dr. **A. Arndt.** 2. Aufl. — **1921.** 24,— ℳ

Nr. 138 a. **Arbeiterschutz und Arbeitsrecht.** Von Prof. Dr. **A. Günther.** — **1920.** 40,— ℳ

Nr. 138 b. **Betriebsrätegesetz.** Von Prof. Dr. **A. Günther.** — **1920.** 15,— ℳ

Nr. 139. **Grunderwerbsteuergesetz.** Von Geh. Ober-Justizrat **Otto Lindemann.** — **1919.** * 6,— ℳ

Nr. 140. **Die Siedelungsgesetzgebung im Reich und in Preußen.** Von Geh. Ob.-Justizrat **W. Holzapfel.** — **1920.** 22,— ℳ

ohne * 50 %. Bände von 1922 ohne Zuschlag.

Guttentagsche Sammlung Deutscher Reichsgesetze.

Nr. 141. **Sozialisierungsgesetze.** Von Rechtsanwalt Dr. **Otto Meier.** — **1920.** 15,— M

Nr. 142. **Wirtschaftliche Demobilmachung.** Von Geh. Reg.-Rat Dr. **Gg. Fischbach.** — **1920.** 8,— M

Nr. 143. **Reichsabgabenordnung** mit Einleitung. Von Rechtsanwalt Dr. **Friedmann.** — **1920.** 16,— M

Nr. 144. **Versicherungsgesetz für Angestellte.** Von Senatspräsident Dr. **Lippmann.** — **1920.** Mit Nachtrag, enthaltend Ergänzungen bis 23. Juli 1921. 24,— M

Nachtrag einzeln. 2,— M

Nr. 145. Gesetzgebung über **Steuer- und Kapitalflucht.** Von Rechtsanwalt Dr. **E. H. Meyer.** 2. Aufl. — **1921.** 12,— M

Nr. 146. **Tabaksteuergesetz.** Von Rechtsanwalt Dr. **Wündisch.** Mit Nachtrag, enthaltend alle Neuerungen. — **1920.** 27,— M

Nr. 147. Gesetz über **Filmzensur.** Von Regierungsrat **Szczesny.** — **1920.** 14,— M

Nr. 148. **Reichsausgleichsgesetz.** Von Rechtsanwalt Dr. **Decke.** — **1920.** 14,— M

Nr. 149. **Reichsnotopfergesetz.** Von Rechtsanwalt Dr. **Friedmann** und Dr. **Richard Wrzeszinsky.** — **1921.** 36,— M

Nr. 150 **Reichsschädengesetze.** Von Rechtsanwalt Dr. **Adolf Hohenstein** und Rechtsanwalt und Notar Dr. **Wenzel Goldbaum.** — **1921.** 50,— M

Guttentagsche Sammlung Preußischer Gesetze.

Nr. 12. **Allgemeines Berggesetz.** Mit seinen Novellen und Nebengesetzen. 3. Aufl., bearbeitet von den Oberbergräten **Schlüter** und **Hense**. — 1913. * 10,40 M

Nr. 13. **Ergänzungssteuergesetz** (Vermögenssteuergesetz). Von Wirkl. Geh. Ob.Fin.Rat **A. Fernow**. 5. Aufl. Mit Nachtrag, enth. Ges. betr. Erhöhung der Zuschläge vom 8. Juli 1916. — 1914. * 5,85 M

Nr. 14. **Kommunalabgabengesetz** vom 14. Juli 1893 und Ges. wegen Aufhebung direkter Staatssteuern. Von Oberbürgermeister Dr. **F. Adickes**. 6. Aufl. bearbeitet von Bürgermeister Dr. **Falk**. — 1922. 70,— M

Nr. 15. Die **Kreisordnungen** für den Preußischen Staat. Von Land-G.Rat **O. Kolisch**. — 1894. * 5,50 M

Nr. 16. **Konzessionierung gewerblicher Anlagen.** Von Geh. Reg.Rat Dr. **W. v. Rüdiger**. 2. Aufl. — 1901. Vergriffen.

Nr. 17. Preußisches **Gerichtskostengesetz.** Vom 25. Juli 1910. Mit Kostentabellen. Von Kammer-G.Rat Dr. **P. Siméon**. 7. Aufl. — 1913. Mit Nachtrag: Abänderungen der Jahre 1919 und 1920. 20,— M

Nr. 18. Preußisches **Stempelsteuergesetz** vom 30. Juni 1909. Mit sämtlichen Ausführungsbestimmungen. Von **P. Loeck**. 9. Aufl. Unveränderter Abdruck der von Reg.Rat **W. Seyffarth** bearbeiteten 8. Aufl., ergänzt durch Reg.Rat **Eiffler**. — 1922. Im Druck.

Nr. 19. Das **Jagdscheingesetz.** Von Wirkl. Geh. Ob.Reg.Rat **F. Kunze**. 2. Aufl. — 1899. * 2,90 M

Nr. 20. Die **preußischen Erbschaftssteuergesetze.** Von Rechnungsrat **U. Hoffmann**. — 1905. * 5,20 M
(Reichs-Erbschaftssteuergesetz siehe Reichsgesetze Nr. 77 und Seite 22.)

Nr. 21. Gesetz über die **Handelskammern**. Von Min.Dir. **F. Lusensky**. 2. Aufl. — 1909. 15,— M

Nr. 22. Gesetz, betr. **Anstellung und Versorgung der Kommunalbeamten.** Von Dr. **W. Ledermann**. 2. Aufl., bearbeitet von Dr. **L. Brühl**. — 1914. * 8,10 M

Guttentagsche Sammlung Preußischer Gesetze.

Nr. 23. Ausführungsgesetz zum Bürgerlichen Gesetzbuche. Von Kammer-G.Rat Dr. **P. Siméon. 3. Aufl. — 1914.** 12,— ℳ

Nr. 24. Die **Hinterlegungsordnung. (1879.)** Von Reg.Rat Dr. **G. Bartels. 2. Aufl. — 1908.** * 2,60 ℳ
— —, Abänderungsgesetz vom 21. April 1913 siehe Nr. **53.**

Nr. 25. Preußische Kommunalbeamtengesetzgebung. Von Mag.Assessor Dr. **F. Kremski,** Berlin. — **1901.** * 4,40 ℳ

Nr. 26. Gesetze über das **Diensteinkommen der Lehrer und Lehrerinnen, Ruhegehalt und Hinterbliebenenfürsorge.** Tabelle zur Berechnung der Ruhegehalts-, Witwen- und Waisenbezüge. Von Bürgermeister Dr. **E. Cremer. — 1900.** * 3,40 ℳ

Nr. 27. Gesetz, betr. die **Warenhaussteuer.** Von Geh. Ober-Fin.Rat Dr. **G. Strutz. — 1900.** * 1,95 ℳ

Nr. 28. Die **Fürsorgeerziehung Minderjähriger.** Von Geh. Justizrat Dr. **P. F. Aschrott.** Mit Ausführungsbestimmungen und allen wichtigeren Ministerialerlassen. **3. Aufl. — 1917.** 18,— ℳ

Nr. 29. Gesetz, betr. **die ärztlichen Ehrengerichte, das Umlagerecht und die Kassen der Aerztekammern.** Von Amtsgerichtsrat Dr. **F. Fidler. — 1901.** * 2,35 ℳ

Nr. 30. Das **Preußische Staatsschuldbuch** und **Reichsschuldbuch.** Von Wirkl. Geh. Ob.Fin.Rat **J. Mücke. — 1902.** * 2,60 ℳ

Nr. 31. Die geltenden Preußischen Gesindeordnungen. Zwei Bände. Von Rechtsanwalt **St. Gerhard.**

31 a. Gesindeordnung für die altpreußischen Provinzen vom 8. Nov. 1810, unter Berücksichtigung der Ergänzungsgesetze, der Rechtsverhältnisse der Stellenvermittler und Reichsversicherungsordnung, sowie die Gesindeordnungen für Neuvorpommern und Rügen und für die Rheinprovinz. **2. Aufl. — 1914.** * 4,40 ℳ

31 b. Gesindeordnungen für Hannover, Schleswig-Holstein, Hessen-Nassau und den Regierungsbezirk Hohenzollern. — **1902.** * 3,65 ℳ ohne * 50 %. **Bände von 1922 ohne Zuschlag.**

Guttentagsche Sammlung Preußischer Gesetze.

Nr. **32. Die Städteordnung für die sechs östlichen Provinzen Preußens.** Von Dr. **W. Ledermann** u. Dr. **L. Brühl. 2. Aufl. — 1913.** 32,— ℳ

Nr. **33. Rentenguts- und Anerbenrechts-Gesetzgebung in Preußen.** Von Land-G.Rat **M. Peltasohn** und Rechtsanwalt **B. Peltasohn. — 1903.** * 4,40 ℳ

Nr. **34.** Sammlung der wichtigsten **preußischen Strafgesetze** nebst Ges., betr. polizeil. Strafverfügungen, vom 23. April 1883. **Von** Geh. Ob.J.Rat **Lindemann. 2. Aufl. — 1912.** 13,— ℳ

Nr. **35. Geschäftsordnung für Gerichtsvollzieher.** Von **E. Exner. — 1904.** * 4,55 ℳ

Nr. **36. Polizeiverordnungen in Preußen. Von** Geh. Ober-Justizrat **O. Lindemann. — 2. Aufl. 1912.** 12,— ℳ

Nr. **37.** Gesetz, betr. **Enteignung von Grundeigentum,** vom 11. Juni 1874. Von Ob.L.G.Rat **O. Meyer. 2. Aufl. — 1911.** * 3,25 ℳ

Nr. **38. Kreis- und Provinzial-Abgabengesetz** vom 23. April 1906. Von Gemeindevorsteher **F. Schmidt. — 1906.** * 1,95 ℳ

Nr. **39.** Gesetz, betr. die **Unterhaltung der öffentlichen Volksschulen.** Von Reg.Rat Dr. **A. Marcks. — 1906.** * 2,90 ℳ

Nr. **40. Verwaltungsstrafverfahren** bei Zuwiderhandlungen gegen die Zollgesetze und indirekte Reichs- und Landesabgaben. **Von** Dr. **R. Katzenstein. — 1907.** 15,— ℳ

Nr. **41.** Die **preußischen Jagdpolizeigesetze.** Von Wirkl. Geh. Ob.Reg.Rat **F. Kunze** und Rechtsanwalt **R. Kühnemann. 2. Aufl. — 1907.** * 5,20 ℳ

Nr. **42.** Die Gesetzgebung über die **Allgemeine Landesverwaltung und Zuständigkeit der Verwaltungs- und Verwaltungsgerichtsbehörden.** Von Dr. **K. Friedrichs. 2. Aufl. — 1921.** 25,— ℳ

Nr. **43.** Gesetz, betr. die **Zulassung einer Verschuldungsgrenze** für land- und forstwirtschaftlich **benutzte** Grundstücke. **Von** Syndikus Dr. **R. Lewek. — 1908.** * 3,40 ℳ

Teuerungszuschlag bei Titeln mit * 300 %.

Guttentagsche Sammlung Preußischer Gesetze.

Nr. 44. **Quellenschutzgesetz** nebst den Ausführungsbestimmungen. Von Geh. Bergrat **E. Voelkel. — 1909.** * 1,60 ℳ

Nr. 45. **Rechtsverhältnisse der Juden in Preußen.** Von Rechtsanwalt Dr. **M. Kollenscher. — 1910.** * 3,40 ℳ

Nr. 46. Gesetz, betr. **Austritt aus der Landeskirche,** vom 14. Mai 1873. Von Ger.Assessor **H. Caro. — 1911.** * 3,40 ℳ

Nr. 47. Gesetz, betr. die **Feuerbestattung.** Von Amtsgerichtsrat Dr. **W. Lohmann. — 1912.** * 2,10 ℳ

Nr. 48. **Zweckverbandsgesetz für Groß-Berlin** vom 19. Juli 1911 nebst Abdruck des allgemeinen Zweckverbandsgesetzes. Von den Magistratsräten Dr. **L. Brühl,** Dr. **K. Gordan** und Stadtrat Dr. **W. Ledermann. — 1912.** * 5,85 ℳ

Nr. 49. **Gesetze gegen die Verunstaltung landschaftlich hervorragender Gegenden** mit Ausführungsanweisungen. Von Regierungsrat **O. Goldschmidt. — 1912.** * 3,40 ℳ

Nr. 50. **Gesetz, betr. die Anlegung und Veränderung von Straßen und Plätzen in Städten und ländlichen Ortschaften.** Von Oberlandgerichtsrat **O. Meyer. — 1913.** 15,— ℳ

Nr. 51. **Das preußische Disziplinargesetz für die nichtrichterlichen Beamten** und die Privatdozenten. Von Regierungsrat Dr. **E. v. Dultzig. — 1914.** 20,— ℳ

Nr. 52. **Preußisches Wassergesetz** vom 7. April 1913. Von den Rechtsanwälten **G. Wulff** und **F. Herold. — 1913.** 25,— ℳ

Nr. 53. **Hinterlegungsordnung** vom 21. April 1913. Von Landrichter **Hagemann. — 1914.** 10,— ℳ

Nr. 54. Gesetz, betr. **Anlegung von Sparkassenbeständen in Inhaberpapieren** nebst Ausführungsverordnung vom 8. Mai 1913. Von Rechtsanwalt **H. Döhring. — 1914.** * 2,90 ℳ

ohne * 50 %. Bände von 1922 ohne Zuschlag.

Guttentagsche Sammlung Preußischer Gesetze.

Nr. 55. **Preußisches Wohnungsgesetz** und **Bürgschaftssicherungsgesetz.** Von Hochschulprofessor Dr. jur. **B. Schmittmann.** — **1918.** 15,— ℳ

Nr. 56. **Das preußische Tumultschadengesetz.** Von Justizrat Dr. **Bruno Friedländer.** — **1919.** * 1,20 ℳ

Nr. 57. Gesetz über **Landeskulturbehörden.** Von Geh. Ober-Justizrat **W. Holzapfel.** — **1920.** 11,— ℳ

Nr. 58. **Arbeitsnachweis.** Von Magistratsrat **P. Wölbling.** — **1920.** 7,— ℳ

Nr. 59. **Bildung der neuen Stadtgemeinde Berlin.** Von Magistratsrat **P. Wölbling. 2. Aufl.** — **1920.** 15,— ℳ

Nr. 60. **Umlegungsordnung.** Von Geh. Ober-Justizrat **W. Holzapfel.** — **1921.** 15,— ℳ

Sonderverzeichnisse über hervorragende Erscheinungen aus den Gebieten des Verwaltungs- und Handelsrechts sowie der genossenschaftlichen Literatur durch jede Buchhandlung und direkt vom Verlage.

Guttentagsche Sammlung
von
Textausgaben ohne Anmerkungen mit Sachregister.

Betriebsrätegesetz. 5,— M
Bürgerliches Gesetzbuch nebst **Einführungsgesetz. 14. Aufl.** 80,— M
Erbschaftssteuergesetz m. Ausführungsanweis. **2. Aufl.** 6,— M
Freiwillige Gerichtsbarkeit. — 1920. 18,— M
Handelsgesetzbuch nebst **Einführungsgesetz** und **Seerecht. 10. Aufl. — 1921.** 24,— M
Konkursordnung mit **Einführungsges. 2. Aufl. — 1915.** 6,— M
Kriegsgewinnsteuer. — 1916. * —,80 M
Die Kriegssteuergesetze. 2. Aufl. — 1917. * 2,— M
Militärstrafgerichtsordnung m **Einführungsges. — 1901.** * 1,95 M
Militär-Strafgesetzbuch. 2. Aufl. — 1916. * 1,55 M
Reichseinkommensteuer — Körperschaftssteuer — Kapitalertragssteuer — Landessteuer. 10,— M
Einkommensteuergesetz in der Fassung der Novelle v. 24. März 1921 mit den **Ausführungsbestimmungen**, ergänzt durch die Verordnungen bis Ende 1921. — **1921.** 18,— M
Reichsfinanz- und Steuergesetze. 1922. 45,— M
Reichsfinanzgesetze von 1909. — **1909.** * 2,60 M
Reichsmietengesetz. 1922. 10,— M
Reichsnotopfergesetz. * 1,50 M
Reichsversicherungsordnung (Kranken-, Unfall-, Invaliden- und Hinterbliebenenversicherung). **20. bis 30. Tausend.** * 6,— M
Strafgesetzbuch. — 1921. 10,— M
Strafprozeßordnung. 3. Aufl. — 1920. 18,— M
Umsatzsteuergesetz. — 1920. 5,— M
Verkehrs- u. Kohlensteuer u. Kriegssteuerzuschlag. 1917. * 2,— M
Verfassung des Deutschen Reiches v. 11. 8. 1919. **2. Aufl.** 9,— M
Verfassung des Freistaates Preußen. 5,40 M
Versicherungsgesetz für Angestellte. — 1911. S. **R.** 144. Vergriffen.
Wechselordnung. — 1908. 8,— M
Wehrbeitrag und Besitzsteuer. — 1913. * 1,30 M
Zivilprozeßordnung mit **Gerichtsverfassungsgesetz** und **Einführungsgesetzen. 1921.** 24,— M
Zuwachssteuergesetz. — 1911. * 1,05 M
— — **Ausführungsbestimmungen. — 1911.** * —,80 M
Preuß. Ausf.-Anweis. zur **Gewerbeordnung. — 1904.** * 2,90 M

ohne * 50 %. Bände von 1922 ohne Zuschlag.

Größere Kommentarwerke in neuen Bearbeitungen.

Das Bürgerliche Gesetzbuch mit besonderer Berücksichtigung der Rechtsprechung des Reichsgerichts, erläutert von den Reichsgerichtsräten **Busch, Schaffeld,** Dr. **Ebbecke, Erler, Kiehl,** Dr. **Lobe, Mansfeld, Michaelis, Oegg, Schliewen, Seyffarth.** Drei Bände. **4. Auflage. 1922.** Lexikon-Oktav. Preis geb. 600,— *M*

Staubs Kommentar zum Handelsgesetzbuch. Von **Heinrich Koenige,** Senatspräsident am Reichsgericht in Leipzig, **Albert Pinner,** Justizrat in Berlin, und Dr. **Felix Bondi,** Geh. Justizrat in Dresden. **11. Auflage. 1921.** Lexikon-Oktav. Zwei Bände in vier Halbbänden mit Register. Preis 450,— *M*, geb. 660,— *M*.

Staubs Kommentar zur Wechselordnung, fortgesetzt von Dr. **J. Stranz** und Dr. **M. Stranz. 9. Auflage** bearbeitet von Justizrat Dr. **W. Stranz,** Rechtsanwalt am Kammergericht, und **Martin Stranz,** Rechtsanwalt an den Landgerichten Berlin. **1920.** Groß-Oktav. Preis 108,— *M*, geb. 133,— *M*.

Das deutsche Seerecht nebst Erläuterungen zu den seerechtlichen Nebengesetzen. Von Reichsgerichtsrat Dr. **Georg Schaps** †. **2., vollständig umgearbeitete Auflage.** Nach dem Tode des Verfassers fertiggestellt und herausgegeben von Dr. **Max Mittelstein,** Senatspräsident am Hanseatischen Oberlandesgericht, Vorsitzender des Prisengerichts Hamburg, und Dr. **Julius Sebba,** Rechtsanwalt am Oberlandesgericht Königsberg. Erster Band. (Handelsgesetzbuch: Viertes Buch.) **1920.** Groß-Oktav. Preis geh. 320,— *M*, geb. 370 *M*.

Die Konkursordnung mit Einführungsgesetz, Nebengesetzen und Ergänzungen. Kommentar von Geh. Justizrat Dr. **Th. Wolff,** Kammergerichtsrat. **2., wesentlich vermehrte und verbesserte Auflage. 1921.** Gr.-Oktav. Preis 127,50 *M*, geb. 152,50 *M*.

Das Reichs-Strafgesetzbuch mit besonderer Berücksichtigung der Rechtsprechung des Reichsgerichts, erläutert von Dr. **Ludwig Ebermayer,** Oberreichsanwalt am Reichsgericht, Dr. **Adolf Lobe,** Senatspräsident, und **Werner Rosenberg,** Reichsgerichtsrat. **2. Aufl.** Lexikon-Oktav. Im Druck.

Schlagwort-Register

R. = Nummer der Sammlung Deutscher Reichsgesetze.
P. = Nummer der Sammlung Preußischer Gesetze.
S. = Seite.

Schlagwort-Register. (R. = Reichsgesetz, P. = preuß. Gesetz.)

Schlagwort-Register. (R. = Reichsgesetz, P. = preuß. Gesetz.)

Schlagwort-Register. (R. = Reichsgesetz, P. = preuß. Gesetz.)

Schlagwort-Register. (R. = Reichsgesetz, P. = preuß. Gesetz.)

Schlagwort-Register. (R. = Reichsgesetz, P. = preuß. Gesetz.)

Grundrisse der Rechtswissenschaft.

Unter Mitarbeit namhafter Gelehrter herausgegeben von den Professoren Dr. Hans Fehr-Heidelberg, Dr. H. Gerland-Jena, Dr. Hedemann-Jena, Dr. Lehmann-Köln und dem redaktionellen Leiter Prof. Dr. Fritz Stier-Somlo-Köln.

Die Grundrisse wollen in das Gebiet der Jurisprudenz einführen, die Liebe zum Recht und seiner Wissenschaft wecken und fördern, immer tieferes Eindringen ermöglichen, dem Unterricht und dem Rechtsleben dienen. Jeder Grundriß bietet die geschlossene Darstellung eines Rechtsstoffes und ist ein selbständiges kleines Lehrbuch.

Bis jetzt sind erschienen:

Band I. Allgemeiner Teil des Bürgerlichen Gesetzbuches von Prof. Dr. Heinrich Lehmann. 1919. 8⁰.
ℳ 8.50, gebunden ℳ 12.— + 300 % Verlags-Teuerungszuschlag.

Band II. Schuldrecht des Bürgerlichen Gesetzbuches von Prof. Dr. Justus Wilhelm Hedemann. 1920. 8⁰. ℳ 34.—, gebunden ℳ 49.—.

Band VI. Handelsrecht und Schiffahrtsrecht von Prof. Dr. Julius v. Gierke. 1921. 8⁰. ℳ 40.—, gebunden ℳ 55.—.

Band VIII. Gewerblicher Rechtsschutz, umfassend Urheber- und Verlagsrecht, Patent- und Musterschutzrecht, Warenzeichenrecht und Wettbewerbsrecht von Dr. jur. Alexander Elster, Berlin. 1921. 8⁰.
ℳ 40.—, gebunden ℳ 55.—.

Band IX. Einführung in die Rechtswissenschaft von Prof. Dr. Justus Wilhelm Hedemann. 1919. 8⁰.
ℳ 11.—, gebunden ℳ 14.50 + 300 % Verlags-Teuerungszuschlag.

Band X. Deutsche Rechtsgeschichte von Prof. Dr. Hans Fehr. 1921. 8⁰. ℳ 38.—, gebunden ℳ 53,—.

Band XIII. Grundzüge des deutschen Privatrechts von Prof. Dr. Freiherr von Schwerin. 1919. 8⁰.
ℳ 16.50, gebunden ℳ 21.75 + 300 % Verlags-Teuerungszuschlag.

Band XVI. Strafrecht von Prof. Dr. H. Gerland in Jena.
ℳ 120,—, gebunden ℳ 150,—.

In Vorbereitung befinden sich:

Band III. Sachenrecht von Prof. Dr. Hedemann in Jena.

Band IV. Familienrecht.

Band V. Erbrecht von Prof. Dr. Endemann in Heidelberg.

Band VII. Recht der Wertpapiere von Prof. Dr. Frhr. v. Schwerin.

Band XI. Grundzüge der römischen Rechtsgeschichte.

Band XII. Grundzüge des römischen Privatrechts von Prof. Dr. Fritz Schulz in Göttingen.

Band XIV. Zivilprozeßrecht von Prof. Dr. Lehmann in Köln a. Rh.

Band XV. Konkurs- und Anfechtungsrecht von Prof. Dr. Lehmann in Köln a. Rh.

Band XVII. Strafprozeß von Prof. Dr. v. Beling in München.

Band XVIII u. XIX. Reichsstaatsrecht und Einzelstaatsrecht von Prof. Dr. Stier-Somlo.

Band XX u. XXI. Verwaltungsrecht in zwei Teilen von Prof. Dr. Stier-Somlo in Köln a. Rh.

Band XXII. Soziales Versicherungsrecht von Prof. Dr. Stier-Somlo.

Band XXIII. Soziales Arbeits- und Schutzrecht.

Band XXIV. Kirchenrecht.

Band XXV. Völkerrecht.

Band XXVI. Privates Versicherungsrecht von Prof. Dr. Jul. v. Gierke.

Ausführliche Prospekte kostenlos.

Vereinig. wissensch. Verleger, Walter de Gruyter & Co., Berlin W 10.

FSC
www.fsc.org
MIX
Papier | Fördert
gute Waldnutzung
FSC® C083411

Kolibri 360 GmbH
Ferdinand-Jühlke-Straße 7
99095 Erfurt, Deutschland
produktsicherheit@kolibri360.de